中公新書 1792

横手慎二著

日露戦争史

20世紀最初の大国間戦争

中央公論新社刊

はじめに

日露戦争とはどういう戦争であったのか。日本では多くの研究者が、長い間にわたってこの戦争の性格について議論を交わしてきた。基本的に日本という国家の存亡を賭《か》けた戦いであったとする解釈と、本質的に韓国と満洲の支配をめぐる争いであったという解釈が、ここでは鋭く対立している。本書も、結果としてこの論争に関わっている。しかし、本書の主たる目標は別のところにある。つまり、本書は、戦争はどのように始まったのか、どうして新興国家日本が勝ち、大国ロシアが負けたのか、そして、戦争からどのような結果が生じたのか、という三つの問題に答えることを目指している。

第二次大戦前の日本の書物では、開戦の原因を論じるとき、ロシアの南下政策がひときわ大きな要因として指摘されていた。他方、ソ連時代のロシアの書物では、日本の大陸への進出意欲が開戦の原因として特に強調されていた。大きな戦争であったがゆえに、どこにその主要な原因を見るのかという議論は政治的な性格を帯びざるを得なかったのである。

同様に、なぜ日本が勝利し、ロシアが敗北したのかという問題に答えることも簡単ではない。研究者の間ではよく知られている話であるが、日本の参謀本部は戦史を作成する段階で、まず草案を作り、そこから機密事項を削除して出版した。また草案審査の段階では、「我軍ノ価値ヲ減少シ、且《かつ》、後来ノ教育ニ害ヲ及ホス等ノ恐《おそれ》アルカ故」に、軍隊や個人の「怯懦《きょうだ》、失策ニ類スルモノ」（引用文に読点を付与した）は明記してはならないと注意した。そのほかにもいくつもの注意事項が示された。つまり、公式の日露戦史はそのまま鵜呑《うの》みにはできない記述になっているのである。

他方、第二次大戦後のソ連の歴史書は、ロシアが敗れた理由として、帝政ロシアの政治体制の脆弱《ぜいじゃく》さと指導層全体の無能さを指摘してきた。この種の議論は、明示的でないにしても、戦争で負けることがなかったソ連体制の優越性と対比されていた。しかし、優秀であったはずのソ連体制ももはや崩壊してしまった。つまりロシアの側の議論も、これまでの説明を再吟味することが求められているのである。本書では、日本とロシアの戦史を比較し、さらにその他の国の軍事史家の分析をも参考にして、この点を論じたいと思う。

第三番目の問題である戦争の帰結についての議論は、どのような枠組みを利用するかによって、おのずと力点が変化する。つまり、こうした問題は、日本やロシアという一つの国の枠組みで論じる場合もあれば、世界史という大きな枠組みで論じる場合もある。事実、そうした枠組みで多くの日露戦争論が書かれてきた。本書もこれらの枠組みに基づく議論を重視しているが、同時に、戦争の過程に続く日露関係の枠組みにおいて戦争の帰結が何を意味したのか考えようとしている。

はたして、一〇〇年以上を経た時点で見るとき、日露戦争とはいかなる戦争であったのか。まずこの戦争に先立つ時代を考えることから、議論を始めることにしよう。

目次

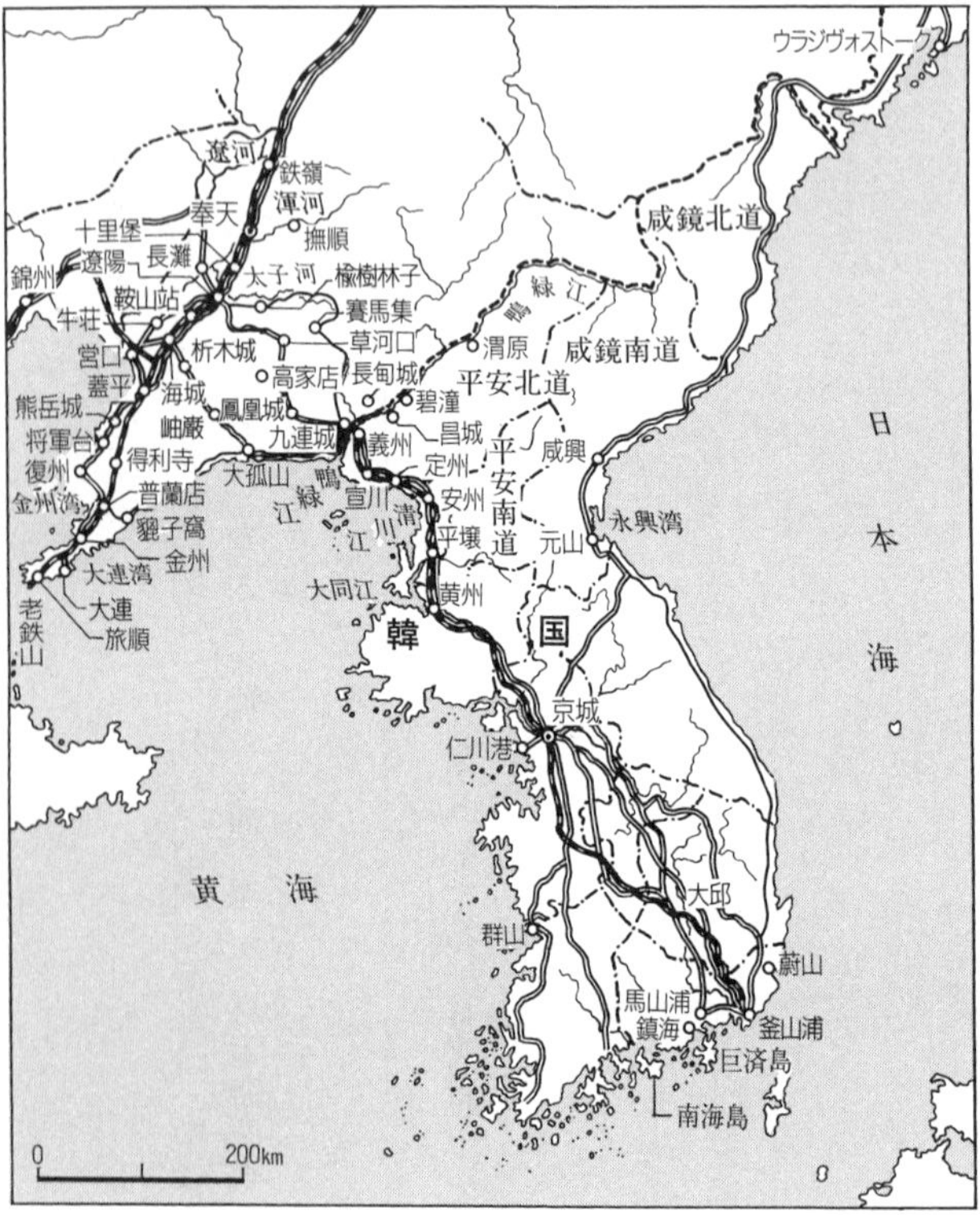

日露戦争要図（『帝国陸軍史』を参考にした）

日露戦争史

序章　世紀転換期の世界

一九世紀末の戦争

日清戦争の勃発《ぼっぱつ》から日露戦争にかけてのほぼ一〇年間、つまり、一八九四年から一九〇四年まで、ヨーロッパ列強の間では戦争のない状態が続いた。ヨーロッパにおける直近の戦争は、一世代前の一八七〇年から翌年にかけて戦われた普仏戦争である。

一八九九年、ロシアのツァーリ（皇帝）ニコライ二世の提案により、オランダのハーグで国際平和会議が開かれ、軍備を削減し、永続する平和をもたらそうとする試みがなされたのはそうした状況と深く関わっていた。イギリス、イタリア、オーストリア＝ハンガリー、ドイツ、フランス、ベルギーなどヨーロッパ諸国と、日本、中国、アメリカなど非ヨーロッパ諸国の代表が集まり、国際紛争の平和的解決、陸戦と海戦の法規をめぐって議論を交わした。

ヨーロッパの列強は、一八八四～八五年に開かれたアフリカ分割をめぐるベルリン会議のときと同じように、ヨーロッパ外部の地域を取引材料にして、お互いの間の戦争を回避したいと考えたのである。

もとよりヨーロッパ列強の間で戦争がなくても、これらの国と非ヨーロッパの国々との間では戦争は頻発していた。「後れた野蛮な地」の住民との小戦争は、貿易による巨額の利益や国威の発揚を考えれば、十分に採算の合う事業であった。また小戦争は、放置すれば無秩序に陥る人々に文明をもたらす教育的行為であり、文明の中心にある自国を富まし、さらにその到達点を高めるための不可避の過程だと意義づけられていたのである。こうして、ひとことでいえば「植民地戦争」といわれる小さい戦争が次々に繰り広げられた。

この種の戦争が特に目立ったのは、ヨーロッパの裏庭であるアフリカ大陸においてであった。著名な例でいえば、一八九五年から翌年まで続いたイタリアとエチオピアの戦争（アビシニア［エチオピアの古称］戦争）が挙げられる。この戦争は、エチオピアがフランスの武器支援を受けて勝利を収めた。アディス・アベバ大学出版会から出された一歴史書は、この勝利は非白人の白人に対する勝利であったという意味で、日露戦争につながる出来事だったと評価している。この議論の当否はともかくとして、当時のエチオピア皇帝メネリク（メニレク）が、スエズ運河に近い戦略上の利点と、臣民がキリスト教徒であることを利用してヨーロッパ諸国から武器を購入することに成功し、戦争を勝利に導いた事実は記憶されて然るべきである。

エチオピアのイタリアに対する勝利に貢献したフランスも、西アフリカ地域を植民地化するために、住民に「平和か火薬か」という二者択一を迫り、多くの場合に後者を使ってその目的を達していた。もちろん、このときにもアフリカ人は旺盛《おうせい》な戦闘意欲を示した。ニジェール河上流地域におけるサモリ・トゥーレ（一八三〇頃〜一九〇〇年）の抗戦は特に有名である。

ドイツもアフリカに植民地を獲得することに強い意欲を示した。ドイツ人の研究者の試算によれば、一八九一年から一八九七年までに、ドイツ人は六〇回以上も大規模な「懲罰部隊」をアフリカに派遣しており、小さいトーゴにだけでも一八九五年から一八九九年の間に一七回も懲罰や警察行動のための部隊を送っていた。

こうした軍事行動でヨーロッパ列強の部隊は目覚ましい成果を挙げた。派遣された部隊は基本的に少数であった。しかも彼らはアフリカの地理や気候に不慣れであった。しかし訓練の行き届いた派遣軍は、アフリカ人の死に物狂いの抵抗を少しずつ切り崩していった。ヨーロッパの軍の勝利に貢献したのは、何よりも兵器であった。たとえばヨーロッパの兵士が利用したマクシム機関銃は、一秒間に一一発、つまり一分間で六六〇発も発射できた。マクシム機関銃やガトリング銃などを駆使することによって、列強の遠征軍は、人数では五倍も一〇倍も勝るが、一分間に一発しか撃てないような旧式の銃しか持たないアフリカ人の軍隊を次々に打ち破ったのである。

イギリスの戦争

兵器の発達が、戦争による被害の増大を意味したことはいうまでもない。ヨーロッパ列強が、アフリカ大陸で行なった戦争の中で、最も熾《し》烈《れつ》な様相を呈したのはイギリスと移住オランダ人を祖先に持つブーア人（ボーア人）の国家との間でなされた戦争（南アフリカ戦争）であった。この戦争は、ブーア人の国、トランスヴァール共和国とオレンジ共和国で発見されたダイヤモンドと金の鉱脈の領有をめぐるものであった。

一八九九年一〇月に戦争が始まると、緒戦でブーア人部隊がイギリス軍を打ち破る展開となり、イギリスはたちまち増援部隊を送ることを余儀なくされた。この結果、同年一二月には一二万人であったイギリス軍は、戦争が終わるときまでに正規軍二五万人、イギリス本国からの志願軍一一万人、イギリス帝国のその他の地域からの志願軍三万人、そして南アフリカからの五万人以上、つまり四四万人以上の兵力がこの戦争に関わることになった。イギリス帝国はこれらの膨大な兵力と装備を、遠く離れた他地域から輸送せざるを得なかった。この点で、この戦争はイギリス指導部にかつてない兵站《へいたん》の問題を提起したのである。

またこの戦争では、ブーア人の側もヨーロッパから武器を調達していたので、使われた兵器のレベルはさして違いはなかった。むしろ準備を整えていたブーア人の方が、少なくとも緒戦の段階では高性能の兵器を使用した。たとえばブーア人が利用したモーゼル銃は、銃口速度でイギリス兵が利用したライフル銃より高性能であった。また弾道も平らで、山形の弾道を描く銃よりも殺傷能力が高かった。双方ともに機関銃も利用した。

こうして、死傷者の数はこの時期のアフリカの戦争では最大規模になった。一九〇二年五月三一日に講和が締結されるまでに、イギリス側の損失は戦死と病死あわせて二万二〇〇〇人、負傷者は一〇万人に達した。他方、負けたブーア人の側の死者はそれよりかなり多かった。しかしその数を確定することはできなかった。戦場での兵士の死者はアフリカ兵を除けば八〇〇〇人余りであったといわれる。アフリカ兵はこの中から除外されていたのである。ともあれ、戦争による実際の死者の数はそれですまなかった。兵士以外にも、イギリス軍によって強制収容所に押し込められて、たくさんの婦女子が死亡したのである。一説によれば、一九〇一年六月から翌年五月までに、こうした収容所で死んだブーア人の数は二万七九二七人にのぼった。この数は戦場で殺された者の二倍、二つのブーア人の国家の総人口の一〇パーセントに相当した。戦争は既にこの時点で、軍と軍の間だけでなされるものではなくなっていたのである。

ところで、この戦争にはもう一つの新しい要素が加わっていた。それは、戦争はともかくも白人同士の間でなされているのだと理解され、イギリスもブーア人の国も、自国軍にアフリカ人を兵士として投入することを躊躇《ちゅうちょ》したことである。チェンバレン植民地相は、アフリカ人を兵士として使用しないのは「南アフリカという特殊な状況では」、黒人に武器を持たせたくないからだと説明した。いうまでもなく、ブーア人という白人をアフリカの黒人が対等の武器を使って殺す事態になれば、それはアフリカ大陸での植民地政策を支える人種論イデオロギーを破壊すると危惧《きぐ》したからであった。

こうした危惧を抱いたのはイギリス側指導部だけでなかった。ブーア人の側も、アフリカ人を戦争に加えることに反対したのである。彼らは、アフリカ人を兵士として使わないという暗黙の合意をイギリス側が一方的に破っている、自分たちはその証拠を握っているといって、イギリス側を公然と非難した。人種論イデオロギーが骨の髄まで達していたのである。しかし結局、戦局の厳しさのゆえに、双方は多数のアフリカ人に武器を持たせ、この戦争はやがて来る白人と非白人が兵士として対等に戦う時代の先駆けとなったのである。

アメリカの戦争

地理的にはヨーロッパに属さないが、既にヨーロッパ列強に並ぶまでに国力を高めていたアメリカも、この時期の小戦争と無関係ではなかった。アメリカは、一八九八年からキューバをめぐってスペインと戦争を行ない、海戦でスペイン艦隊を完璧《かんぺき》に打ち負かした。同年末のパリ講和条約ではスペインにキューバの独立を認めさせ、フィリピンやグアムなどを割譲させた。キューバはこのとき、実質的にアメリカの保護下に入ったのである。

アメリカの戦争はこれで終わらなかった。スペインの窮地に乗じて独立を図ったフィリピン人を鎮圧するため、アメリカはパリ会議の前からフィリピンに部隊を派遣していた。もちろん、独立を認めないアメリカにとってこれは「戦争」ではなく、「蜂起《ほうき》」を鎮圧する警察行動であった。しかし、緒戦こそアメリカ軍の力がフィリピンの正規軍を圧倒したものの、フィリピン側の指導者アギナルドが地の利を活かしたゲリラ戦に踏み切ったために、警察行動は紛れもない戦争になった。最盛期には派遣されたアメリカ軍は一万人に達し、フィリピン側の正規・非正規軍をあわせた一〇万人と戦った。犠牲者も少なくなかった。一八九九年一一月からフィリピン独立運動の首謀者が逮捕される一九〇二年の春までに、アメリカ軍の死者は四〇〇〇人余りに達した。フィリピン側死者は二万人余りであった。

この間、ゲリラに手を焼いたアメリカ軍は意図的にフィリピン人の非戦闘員を軍事行動に巻き込む作戦を採用した。村や畑を焼き払い、時に民間人を人質にとって、ゲリラ側の戦闘意欲を挫《くじ》こうとしたのである。これはフィリピン軍の指導者が、島の住民にアメリカ軍に内通したものは厳罰に処すると警告を出したことから、アメリカ軍側が住民と戦闘員を区別なく敵とみなして行動したのだといわれる。

特にジェイコブ・スミスというアメリカ人の指揮官の行動は、この点で徹底していた。彼は部下に対して「私は、捕虜は望まない。貴下たちが殺害し、焼き尽くすことを願っている。アメリカに対する実際の戦闘行動で武器を持つことができるすべての人間を殺すことを願っている」と繰り返し述べたという。スミスが司令官であった一九〇一年一〇月から翌年二月までの間に、アメリカ軍は数千の家を破壊し、数トンの食糧をゴミに変え、数百頭の家畜を殺した。こうしたスミスの言動は当然アメリカ軍の中でも物議を醸し、後に彼は軍法会議にかけられた。

もちろんこの司令官だけが特別だったわけではなかった。似たようなことは別の指揮官によってもなされていた。たとえばフランクリン・ベルという指揮官は、いかなる形であれ、蜂起者を援助したと考えられる者をすべて逮捕するように命じた。住民を都市に集め、許された地域外で見つかった食糧は没収し、さらにはその場で発見された者を逮捕するか殺すように命じた。住民がゲリラに支持を与える状況では、これしか対策はないと考えたのである。

こうした指揮官の人種観は、もちろん広く兵士たちによって共有されていた。彼らは、故国の家族に向けて送った手紙の中で、フィリピン人の「知的文化的後進性」について繰り返し言及していたのである。

戦争はいつの時代でも新しい事態をもたらす。兵器、戦術、イデオロギー（思想）において革新を引き起こさずに終わる戦争はないといっても過言ではない。一九世紀末の時点での戦争では、以上に見てきたごとく、機関銃などの高い殺傷能力を持つ兵器によって、またゲリラ戦によって、ゲリラ戦に対処するために非戦闘員を巻き込む戦法によって、そして忘れてはならないことだが、グローバルな規模の人種差別とそれを補強する、弱肉強食の「適者生存」論というイデオロギー（思想）によって、革新的様相が示されたのである。

義和団事件

一九世紀末には、ヨーロッパ列強と中国の間でも戦争が起こった。その遠因は、いうまでもなく日清戦争によって露呈した清国の衰退にあった。国力の衰えは、対外的ばかりか対内的にも明らかであった。一八九八年頃から山東《さんとう》省の貧しい人々の間に広がった宗教勢力の活動が、一九〇〇年に始まる戦争の直接的原因となった。彼らは義和団《ぎわだん》と称し、キリスト教に代表される西欧文明の広がりこそ、庶民の生活を苦しめる災厄の根源だと説いた。

こうした宗教勢力は、折から清朝上層部における権力闘争で開明派が敗れて排除される事件が起こったために、山東、直隷《ちょくれい》（現在の河北省《かほくしょう》）、河南などの各省に急速に勢力を拡大した。そして一九〇〇年初頭には、とうとう北京《ペキン》周辺においてもその影響を示すほどに膨れ上がった。彼らは、発足の当初は清朝に対する強い反発を示していたが、一九〇〇年頃までにはむしろ清朝に接近し、「扶清滅洋《ふしんめつよう》」をスローガンとして掲げるようになっていた。このために、清朝内部においても、彼らを「匪賊《ひぞく》」とみなすべきか、あるいは「義賊」とみなすべきかという議論が起こり、後者の意見が優勢になる状態が生じたのである。

こうした事態を受けて、真剣に義和団を取り締まらない清国政府と諸外国との間で対立が深まり、五月末にはイギリス、フランス、アメリカ、イタリア、そして日本が「居留民保護の任」にあたらせるために天津《てんしん》に少数の部隊を上陸させた。

その後、事態は、義和団による外国公使館区域の包囲、ドイツ公使の殺害、清朝政府の諸外国に対する宣戦布告の発令へと急速に進展した。この過程で、大沽《ターク－》や天津、北京などにおいて、義和団と清国軍の入り混じった勢力と列国軍との戦闘が繰り広げられた。清朝内部の動揺が続き、それに伴い義和団と清国軍の関係が変化したために事態は複雑な様相を見せたが、遅くとも清朝政府が宣戦を布告した六月二一日には、清国軍と列国軍の間で戦争が始まったのである（研究者の中には、大沽砲台の攻防戦がなされた六月一七日に戦争が始まったと解釈する者もある。こちらの方が、実態に近かったであろう）。

戦争の規模は時期によって異なるが、イギリスのシーモア中将を司令官として、天津の列国軍が北京に二〇〇〇人余りの救援部隊を派遣したとき、その行く手を阻んだのは義和団と彼らを支援する一万人を超える清国軍であった。清国軍が保有する武器の中にはマクシム機関銃やドイツのクルップ社製の大砲などもあり、その軍事力は列国軍が簡単に蹴散《けち》らせるレベルではなかった。しかも、旺盛な戦闘意欲を持つ義和団が清国軍を勇気づけていた。この結果、意気揚々と出陣した列国軍は、一週間で一割以上の死傷者を出す事態に陥った。

シーモアに同行したイギリス人士官はその回想において、「抗戦の性格は［六月］二〇日に九マイル進んだとすれば、二一日には四マイルになり、二二日には一マイルになった事実によってきわめてよく例証されている。進軍に対する抵抗によって、わが方の死傷者は増大していった」と記した。清国軍＝義和団側は天津から北京に通じる鉄道の戦略的重要性も十分に認識して、その運行を妨害した。このために列国の派遣軍は北京に到達できず、いったん天津に引き揚げざるを得なかった。

天津における戦闘は、この戦争の中で最も激烈であった。ここでは六月半ばから四週間にわたって、一万四〇〇〇人余りの列国軍と数万人の清国軍＝義和団が攻防を繰り広げた。清国軍の中には、日清戦争に参戦した聶士成《じょうしせい》将軍指揮下の軍のように徹底抗戦を試みるものもあった。このために七月一三日から翌日にかけてなされた天津城攻撃だけでも、参加した日本、アメリカ、フランス、イギリスの四ヵ国の軍は七〇〇人余の死傷者を出したのである。

しかし、清国軍と義和団側がどれほど執拗《しつよう》に抵抗しても、地力では列国の派遣軍にかなわなかった。結局封鎖されていた北京も八月半ばには一万八〇〇〇人余りの列国軍によって解放された。このときまでに清国に少数でも軍を派遣したのは、イギリス、フランス、アメリカ、イタリア、オーストリア＝ハンガリー、ドイツ、そして日本とロシアの八ヵ国であった。これらの国はその後も掃討作戦を展開した。秋以降の段階になると、戦闘員と非戦闘員の区別が曖昧《あいまい》になる現象が頻繁に見られた。義和団参加者の多くが列国軍の追撃を逃れて村に入り、時にゲリラ化したために、多くの民間人が巻き添えになったのである。

第一章　世紀転換期の日本とロシア

義和団事件と日本

義和団事件は日本にとって大きな試練となった。清国の混乱が始まった時点で、日本の指導者に提起されたのは、自国民の保護という問題だけではなかった。清国のいっそうの弱体化から生じるはずの東アジアの激動が、期待と不安を生み出したのである。このときの期待は桂太郎《かつらたろう》陸相が抱いたものである。すなわち、日本は欧米諸国とともに軍を派遣することによって、これら一等国の仲間になれるだろうという考え方である。

他方、不安は元老伊藤博文《いとうひろぶみ》によって表明された。すなわち、東アジアの趨勢《すうせい》がどのようになるのかわからないときに、軍を派遣して国力を消耗することは無謀な企てだというのである。かつて日清戦争のときに伊藤は総理であり、外相の陸奥宗光《むつむねみつ》とともに三国干渉の苦汁を味わっていた。こうした経験を踏まえて、伊藤はまずもって欧米諸国の動きに警戒の目を向け、何よりも自国の国力充実に専念すべきだと説いたのである。

もちろん欧米列国の中にも期待と不安が混在した。期待は清国において既に獲得した利権をさらに拡充できるのではないかというものであり、不安は列国の間の利権獲得競争で後れをとるのではないかというものであった。こうして、欧米列国は義和団事件に可能な限り共同で対処しつつも、相互に猜疑《さいぎ》心を抱いて行動した。このために、これらの国の行動はしばしばまとまりを欠くものとなった。そうした事態がまた日本の指導者を当惑させることになった。

ともあれ、先に述べたブーア戦争への対応に追われていたイギリスにしてみれば、自国がここで中心的な役割を果たせないことは最初から明らかであった。こうした状況では、日本は比較的利用しやすい新興国であった。また、切迫する状況に対処するには、清国に隣接する日本に頼る以外にないという事情も考慮せざるを得なかった。こうして六月二三日に、イギリスの駐日代理公使は日本に出兵を要請した。

既にこのときまでに日本政府は福島安正《ふくしまやすまさ》少将を司令官に任命し、歩兵二個大隊を基幹とする混成部隊を大沽に向けて送り出していた。さらに、イギリスからの要請を受けるまでにも、さらなる増派が必要だという認識が政府内で強まっていたため、七月六日に政府は第五師団の動員を決定した。イギリスの要請を受けての大軍の派遣となれば、伊藤もこれに反対することは困難であった。ロシアも六月末に日本軍の派遣に反対しない旨の回答を寄こしていたのである。この結果、七月半ばまでに同師団が派遣され、日本は列国の中で最大兵力二万二〇〇〇人を派遣する国家になったのである（主要な戦闘が終わった秋以降になると、この地位をドイツに譲った。この年秋のドイツ軍の戦闘行動の残虐さは、列国の間で物議を醸した）。

日本は派遣兵力の数だけではなく、その兵士の戦いぶりでも、欧米人の注目を集めた。そのことを日本の天津領事は七月一〇日付で次のように報告している。

「此日《このひ》［九日］ノ戦闘ハ我陸海軍派遣隊ノ全部殆《ほと》ント出兵シ、英国兵約九百、米国兵約百ノ外ハ総《すべ》テ我国兵ニ係《かかわ》リ、其《その》数一千四百余名独リ舞台ト云ヒテ可ナル大戦争ヲ為《な》セリ。此ノ大部隊ノ兵員カ何《いず》レモ其動作ノ勇壮ナリシハ各国人トモ感嘆セシ処《ところ》ニシテ、殊ニ英国兵ノ如《ごと》キハ非常ノ厚意ヲ以《もっ》テ之《これ》ヲ迎ヘタリ」（句読点を付け加えた。引用史料では以下同様）

この戦争では、参加国の軍隊による略奪、清国人に対する蛮行が広汎《こうはん》に見られた。あまりにそうした行為が傍若無人になされたので、この点では相対的に日本兵の軍紀のよさが目立ったといわれている。その意味でも、日本軍は人目を惹《ひ》く存在であったのである。

もちろんこうした日本軍の戦闘ぶりは、列国の中に好意のみを引き起こしたわけではなかった。たとえば二日後の一二日付の『タイムズ』紙は、日本が北京救援で貢献していることを手放しで賞賛するのは危険であり、これは最終的にアジアから白人を放逐するというアジア人の夢想に手を貸すことになるという趣旨の投書を掲載した。投書者（外交官のF・ミットフォード）の意見では、イギリス人が将来の平和を望むのであれば、中国北部の変革はロシアに委《ゆだ》ねるべきであった。なぜならば、ロシアは侵略国ではないからであり、仮に侵略国であるとしても、それは清国南部にしか利益を持たないイギリスには関係のないことで、ここでイギリスはロシアの猜疑を買う理由はないというのである。

日本政府にとって問題だったのは、イギリスの有力紙『タイムズ』がこのような投書を掲載したばかりか、この投書者をアジア問題の専門家だと紹介し、あたかも彼の立論の基本を認めるかのように扱った点にあった。このようなイギリスにおける世論の動向を伝えた駐仏公使栗野慎一郎《くりのしんいちろう》は、フランスの新聞においても同様に将来の日本について危惧が表明されていると付け加え、ヨーロッパにある黄禍論《こうか》論の広がりに注意を促したのである。

その後の栗野の報告は、黄禍論の危険性に鋭く反応した彼自身が、その底に流れる人種差別的観念に無縁でなかったことを示していた。すなわち九月になって、栗野はフランスの世論が変化し、日本に好意的な論評が出ていると青木周蔵《あおきしゅうぞう》外相に伝えたのであるが、そこでは次のように書いていたのである。

「[フランスの有力政治家アノトーは] 日本人ハ清国人ニ似ス堅固不易ニシテ信憑《しんぴょう》スヘキ性質

ヲ有スルコトヲ称揚セリ。右ノ如キ良好ナル変調ハ、素《もと》ヨリ何人《なんぴと》ノ尽力ニモ基《もとづ》キタルニアラスシテ、全ク日本国ノ保持シタル公平無私ノ態度ニ加フルニ、我兵ノ勇剛ニシテ褒誉スヘキ行状ト、殊ニ仏国公衆ヲシテ、英国ノ勢力ニ依《よ》ラサルモノナリト感セシメタル我国ノ動作ニ因リタルモノナリ。若《も》シ我国ニシテ較著《こうちょ》ナル事変ナク、右ノ如キ状態ヲ以テ結局ニ到ルトキハ、我国ハ文明列国中ニ高大ナル信用ト尊敬ヲ博スルヲ得ヘシ」

栗野は、日本人は清国人と異なると欧米人に認めてもらうことで、「文明国」の一員になる道が開けると考えていたものと思われる。こうした中国人に対する優越感とヨーロッパ列強に対する劣等感の組み合わせは、なにも栗野一人に見られたわけではなかった。当時の日本人の中にかなり深く広まっていたのである。

山県の意見書

以上のような議論が交わされていた最中の八月二〇日に、総理大臣山県有朋《やまがたありとも》は一つの意見書（「北清事変善後ニ関スル意見書」）を草した。これは内閣の意思統一のために書かれたものといわれる。既に北京は解放され、山県をはじめとする日本の指導者の目は、事件後の日本の対処に向けられていた。同じ頃、伊藤博文は日本軍を率先して撤退させることで、列国に向かって撤退を求めるべきだという考えを抱いていた。彼はこうした行動をとることで、日本が清国に対する特別な野心を持っていないことを示すべきだと考えていたのである。

山県の考えはこれと大きく異なっていた。山県は、意見書の中で、清国の生命力は尽きつつあると述べた。しかし他方では、列国は、当面は清国の継続を図り、新指導部によって連合国側の要求するとおりの「乱徒」処分と賠償、その他の措置を実行させる方向に進むだろうという見通しも示していた。そして、この機に乗じて日本は清国に全軍を駐屯させる案もあり得るけれども、こうした行動は「各国ノ猜疑」を招くだけなので、むしろ若干の部隊を残して撤退し、臨機応変に処する以外にないだろうと記した。

これに続く議論は、彼のこれまでの思考の軌跡の上にあった。つまり何よりもロシアに注意を向け、ロシアに関連する形で朝鮮半島の問題に触れたのである。山県によれば、「此ノ好機ニ乗シテ朝鮮ヲ占領シ露ノ南下ヲ未然ニ禦《ふせ》クヘシ」とする意見は同意せざるを得ない意見であった。しかし、朝鮮半島の問題は義和団事件に直接には関係のないことで、事件の後始末を議論する際にこのような「局外ノ事項」を出しても、列国はすんなりとは認めはしないので、この方向での成果は見込めない、とした。

またこの点に関連して、ロシアの「満洲経営」を認め、その代わりに日本の「朝鮮経営」を認めさせるという日露協定案に言及し、この方法で問題なのはロシアが「狡猾《こうかつ》」で信用の置けないことだ、と記した。山県によれば、ロシアの言葉と行動は一致せず、「独リ大利ヲ占メントスルノ野心」が透けて見えるというのである。そのように述べたうえで、彼は僅《わず》かに譲歩して、たとえ巧《うま》くその方向に進めたとしても、「北清ノ禍乱未タ治ラス、満洲ノ処分未タ議スヘカラサル」状況で、こうした議論をロシアとは交わすことはできないだろうと書いた。

結局この時点では、山県は北ではなく、南、つまり台湾の対岸方面への膨張を目指すべきだという「北守南進論」を支持した。以上引用してきた点から見て、彼の「北守南進論」は、南に進出するために北のロシアと何らかの協定を結ぶという発想とは必ずしも同じではなかった。おそらくは彼の頭にあったのは、ロシアとの戦争をするか否かはまだ不明であるとしても、そのときに備えるために、まず南において日本の勢力を扶養すべきだというものであった。こうして、彼の意見書は「朝鮮ヲ以テ我レノ勢力区域ニ収メント欲セハ、先ツ露ト戦ヲ開クノ決心ナカルヘカラス。唯《た》タ此ノ決心アラハ、以テ能《よ》ク北方経営ノ目的ヲ全クスルヲ得ヘシ」と結ばれていた。ここにロシアと協定を結ぶ姿勢

山県有朋

を見るのは困難であろう。既に彼と伊藤の間では、対露観の違いが鮮明になりつつあったのである。

山県の対露観の変化

以上のような意見書に示された山県の対露観は、突き詰めると、ロシアが不凍港を求めて南下してきているという南下論への危機感と、ロシア外交の性格に対する不信感から構成されていた。前者の議論は、既に一八七一年の「軍備意見書」に僅かに表れていた。より明瞭《めいりよう》な形では、一八八八年に彼が書いた「軍事意見書」において確認できる。ここで山県は、ロシアがシベリア鉄道の工事を始めるようになれば、冬季に利用不能となるウラジヴォストーク港ではなく別の良港を求めるはずで、その動きは朝鮮半島への侵略につながるだろうと懸念を表明していたのである。

これと対照的に、ロシアが狡猾な外交を行なう国家であるという認識は、けっして古くから山県によって示されていたわけではなかった。たとえば、日清戦争の前年の一八九三年に山県が起草した「軍備意見書」には、「露国か侵略を以て対外の政策と為し、彼若し隙《すき》あらは我直ちに之に乗せんとするの状あるは、今日各国政事家の共に視認して畏怖《いふ》する所なり」とあるが、そこにはロシアについて格別不信感をもって対応すべき国家だという認識は見られなかった。この時点では、山県は、他のヨーロッパ列強と同じ程度に危険な存在としてロシアを見ていたのである。

　こうした山県の対露観は、一八九五年四月、三国干渉がなされる直前により明瞭に示された。このとき彼は、時の外相陸奥に書簡を送り、ロシアとイギリスの共同干渉を予想して、イギリスではなくロシアを日本の同盟国として選ぶべきだと説いたのである。明らかに山県の日露同盟論の背後には、ロシアも含めたヨーロッパ列強を等しく危険な存在と見る国際政治観があった。

　この認識は、翌一八九六年五月に彼の行動となって表れ出た。このとき山県は特命全権大使としてロシアに赴き、六月九日に、西徳二《にしとくじ》郎《ろう》公使の助力を得て山県＝ロバノフ議定書を締結したのである。この議定書は、表向きは朝鮮に対する財政援助などを規定していたが、裏では秘密条項によって、朝鮮の安寧秩序が乱れる危険が生じた場合に、日露両国が同時に軍隊を派遣すること、またその際に日露で対立が起こることを避けるために緩衝地帯を設けることなどを定めていた。山県は明らかに、日本とロシアはこうした秘密協定を結ぶことによって、お互いに利益を確保できると考えていたのである。

　以上からすれば、山県が、ロシアを狡猾で特に危険な国家だと認識するに至ったのは一八九六年以降のことだったと推定される。この間に何があったのであろうか。いくつかの事件をここに挙げることができる。

第一の事件は、山県がロシアにおいて議定書を締結する一週間前の六月三日に起こっていた。このときロシア側のロバノフ外相とウィッテ蔵相は、清国から招いた李鴻章《りこうしょう》全権代表との間に秘密軍事協定を締結したのである。その内容は、日本がロシアの領土、もしくは清国の領土を攻撃した場合には、相互に軍事援助を与えることを規定していた。さらに同協定は、ロシアが清国を援助することを可能にするために、ロシアに黒龍江《こくりゅうこう》省と吉林《きつりん》省を横切ってウラジヴォストークに向かう鉄道の敷設権を与えていた。この反日的協定の存在は、外国の新聞などで数ヵ月後に取り上げられ、さまざまな憶測を引き起こした。しかし実際にその存在が確認されたのは日露戦争後しばらく経ってからのことである。おそらく山県は、反日協定の噂《うわさ》だけで、ロシアを協定の締結できない国だとみなしはしなかったであろう。

第二の事件は、一八九八年三月に、ロシアが強い圧力をかけて、清国から旅順《りょじゅん》と大連《だいれん》の二五年間の租借権とそこに上記の鉄道（東清《とうしん》鉄道）の一駅から伸びる新鉄道（いわゆる南部支線）の敷設権を獲得したことである。この前年にドイツが宣教師の殺害事件を口実にして膠《こう》州《しゅう》湾を占領した事件が起きており、ロシアの行動はこれに触発されたのである。このときには、フランスは広州湾《こうしゅうわん》の、またイギリスは威海衛《いかいえい》の租借権を清国から獲得したのである。その意味でいえば、ロシアの行動は特別なものではなかった。しかしたしかにロシアの行動には、フランスやイギリスと同列に論じきれない問題があった。というのは、ロシアは三国干渉の際には清国の領土保全のためと称して、日本に遼東《りょうとう》半島を清国に返還させていたのであり、その遼東半島にある旅順と大連を、それから五年と経たないうちに自国の支配下に置いたのである。日本人がロシアの行動に憤怒の思いを抱いたのは自然であった。山県もその一人であったろう。

第三の事件は、一八九七年頃から始まったロシアによる朝鮮半島の南岸の土地区画を買収する試みである。これは日本側の同様の試みに対抗してなされたもので、基本的にはロシア海軍がその軍艦の停泊地として、これらの土地を利用することを考えたものであった。特に一八九九年五月には、ロシアが実際にこうした港の一つである馬山浦《ばさんほ》の測量を行なおうとしたことから、大きな波紋を巻き起こした。

早くからロシアの南下政策に危機感を抱いていた山県が、これに反応しないはずはなかった。彼は一八九九年一〇月に「対韓政策意見書」をまとめ、次のように書いた。

「露国は大連、旅順の要衝を占領せし以来、戦略上猶《なお》進んで朝鮮南東の沿岸に於《か》て一の軍艦碇泊《ていはく》所の占領を唯一の方針とし、彼の政府に迫り、名を土地借用に藉《か》り其目的を実行することを第一の政略とせり。之に処する我政略は陸海軍の兵力と財政の実力如何《いかん》を講究し、将来の方針を一定せさる可《べか》らす」

山県はこのように書いて、切迫した危機感を表明したのである。彼のこの時点での結論は、ロシアが「韓国の馬山浦、巨済島《きよさい》若《も》しくは其他に於て、戦艦碇泊所若くは堡城《ほじよう》に給する地域を占領し、又は借用せんと企図して、朝鮮政府を脅迫するか、又は其目的を実行せんとする手段に出て」きた場合には、これを止《や》めるように説得するか、それでも効果がなければ、「帝国の存亡興廃に係る重要問題」として、御前会議を開いてそこで対処の仕方を討議するというものであった。

たしかに、山県はこの時点ではまだ、日本がロシアにこの問題で譲歩する可能性があることを認め、あえて「戦争」の文字を避けていた。しかし引用した文章は、ロシアに対する強い不信感が彼の胸中に渦巻いていたことを示している。一九〇〇年夏に彼が意見書の中で示した対露観は、以上のような認識の変化の延長上にあったと見ることができよう。義和団事件でのロシアの対応は、こうした変化を促すものになるのである。

シベリア鉄道の建設

ところで、一つの点を確認しておく必要がある。それは先に見た馬山浦問題に対する山県の反応は反応として、一九〇〇年にロシアと韓国政府の間で締結された馬山浦に関する協定は、実際には石炭倉庫と医務室などの建築を認めただけで、実戦的意味を持つ施設をほとんど作り出せなかったことである。これはよく知られているように、前年からのロシア側の用地買収の動きが遅れたために、日本側に機先を制せられたからである。

結果として、日露戦争が始まる直前の一九〇四年二月六日に、日本の艦隊は何事もなかったかのように馬山浦に入ったのである。もしロシアが対日戦の際の戦略的重要性を考えて何を置いてもこの地の用地買収と停泊地建設に動いていれば、日露戦争の経緯は実際の歩みと大きく異なっていたであろう。当時のロシア側には、山県が理解していなかった事情があったのである。その点を見るためには、当時のロシアの東アジア政策の基本をなすシベリア鉄道建設の時点から、ロシア側の動きを追っておく必要がある。

シベリア鉄道の建設計画は、一八八二年に時のツァーリ、アレクサンドル三世によって決定された。しかし実際に計画が実行に移されたのは、それから九年後の一八九一年のことであった。予想される膨大な建設経費が、この壮大な計画の実現を妨げたのである。

実際の建設が一八九〇年代の初頭に始まったという事実が示すとおり、ロシアがシベリア鉄道の建設に向かったとき、日本はこの計画に関係がなかった。ひとことでいえば、当時の日本はまだ国際的に意味を持つ存在ではなかった。ロシアの指導部が最初に鉄道建設を企図したとき、最も基本的な目標はヨーロッパ・ロシア部における人口の稠密《ちゅうみつ》状態を改善することにあった。

しかし、次第に清国におけるイギリスとドイツの勢力拡大に対抗するという課題が、これに加わった。一九世紀末のロシアの指導者にとって、この両国の動向は最大の問題であった。特にイギリスが清国内で獲得しつつあった鉄道利権は、そのままロシア領のアムール河とウスリー河沿岸地域に脅威を及ぼすものと受けとめられた。もしかすると、海洋国イギリスは清国と結び、ロシアの脆弱《ぜいじゃく》な地域を襲うかもしれないと思われたのである。

さらにまた、一九世紀の末になって清国人が急激に満洲でその数を増していたこともロシア側を警戒させた。一八八八年当時、満洲に住む清国人は一二〇〇万人に及び、これに対してこの地域に対置する極東ロシア領に住んでいたロシア人は、七万三〇〇〇人に過ぎなかった。この人口格差は、やがて大きな問題になると考えられた。こうして鉄道の建設は、清国人の人口圧力に対抗するためにも、また、ロシアのアジア地域の防衛力を強化するためにも必要だと考えられたのである。

以上のような議論の末に、全長八〇〇〇キロメートルに及ぶ鉄道建設が着手されることになった。一八九一年五月末に、鉄道の東端と定められたウラジヴォストークから鉄道建設が始まった。この街は、建設されてから三〇年も経っていなかった。このときに建設の礎石を据えたのは、折から東アジア周遊の途上にあったロシア皇太子であった。彼こそこの儀式の二週間ほど前の五月一一日、滋賀県大津で津田三蔵《つださんぞう》の襲撃を受けて負傷、日本中を震撼《しんかん》させ、やがて日露戦争のときのツァーリ、ニコライ二世となる人物である。

当時、アレクサンドル三世は、皇太子を鉄道建設の事業に結びつけることによって、建設を確実なものにしなければならないと考えていた。それはほかでもなく建設コストの問題から、強い抵抗が国内に生じていたからである。過去一〇年ほどの間にロシア経済が急激な成長を遂げたことは確かであったが、それでも経済力は西ヨーロッパの国々には比較できないほど小さかった。この時期のロシアの財政状態では、シベリア鉄道の建設は、帝国内の他の差し迫った事業を長期にわたって棚上げすることを要する大冒険であった。

蔵相ウィッテ

一八九二年九月、建設の意欲に燃えるアレクサンドル三世の姿勢は、一つの人事異動によって再度示された。ツァーリは、財政の均衡を重視して鉄道建設に難色を示してきた蔵相ヴィシネグラツキーを更迭し、大蔵省鉄道局長として、また半年ほど前からは交通大臣として、鉄道建設に関わってきたウィッテを後任として登用したのである。ウィッテは鉄道建設による急激な工業化によって、ロシアを専制体制のままで強大な国家に変えることを自らの課題と考える政治家であった。したがって、蔵相への任命はウィッテを狂喜させた。以後彼は、その持ち前の強烈なエネルギーで抵抗勢力を粉砕していった。

「シベリア鉄道［建設という］事業を促進するために、私は大蔵大臣となるとすぐに、シベリア鉄道特別委員会を設置することが必要だと決心した。これは、大臣会議や国家評議会などにおいて、大臣たちとの折衝が生み出すさまざまな引き延ばしや多々の困難を回避するだけの大きな権能を有する委員会であった。委員会は、鉄道建設に関わる問題の権限ばかりか、鉄道建設に関わる立法についての権限も付与されるものであった」

ウィッテの回想にある以上のような一節は、たとえツァーリのお墨付きを得ていたとしても、莫大《ばくだい》なコストのかかる大事業がまだ多くの抵抗を受けていたことを示している。最大の批判は、地主貴族たちによるものであった。彼らは、鉄道によって移民が容易になれば、ロシアのヨーロッパ部の土地の値段が下がると考えたのである。こうした意見はシベリア鉄道特別委員会の席上でも表明された。しかしウィッテは、あるときは理詰めの議論で、またあるときは建設費の切り詰めによって鉄道建設に邁進《まいしん》した。

ウィッテが懸命にシベリア鉄道の建設を推し進めていた一八九四年に、日清戦争が勃発した。ロシアではほとんどの人が日本の勝利を予期していなかった。翌年の下関における講和交渉で日本側が遼東半島の割譲を求めたことは、日本の勝利とともにロシア側にとって意外な展開であった。日本に遼東半島の割譲を認めるか否かという問題は、日本と清国のどちらを近い将来のパートナーとして選ぶかという選択として認識された。

戦争で示された清国の弱さに注目するならば、この際に、ロシアは冬になっても凍結しない港を清国から獲得すべきであった。ウラジヴォストークは、極東における軍用の港としては、冬季に凍結するという大きな欠陥を抱えていたからである。この選択は、日本との友好関係を生み出すことができるという意味でも望ましいもののように見えた。

もう一つの方針は、日本の強さに注目するものであった。ひとたび日本に遼東半島を獲得させれば、それは満洲とモンゴルへの日本の膨張の端緒となり、やがてロシアを脅かす勢力となるだろう。もし列国とともに干渉して遼東半島を放棄させれば、確実にロシアは清国によって高く評価されるだろう。それは両国の国境近くを通る鉄道の建設を図るロシアにとって、きわめて望ましい状況であった。

いうまでもなく、後者の意見を強力に主張したのがウィッテであった。これに対して、帝位に就いたばかりのニコライ二世は前者に傾いていたかに見えた。しかしツァーリはまだウィッテを抑えるだけの力を持っていなかった。結局、ロシアはウィッテの策を取り、ドイツ、フランスと結んで日本に圧力をかけ、遼東半島を清国に返還させたのである。

ウィッテの対清友好策は日本の怒りを招いたが、すぐに見返りをもたらした。先に指摘したとおり、ロシアは一八九六年に、秘密協定によって満洲を横切る鉄道の敷設権を獲得したのである。これによって、ヨーロッパ・ロシア部とウラジヴォストークを結ぶ鉄道の建設距離が大幅に縮まった。アムール河沿いに鉄道を建設することが技術的に困難だとされていた当時にあっては、この利権の獲得は鉄道建設を大いに促進するものであった。

しかし、ここから大きな問題が生じた。既に述べたように、ロシアは満洲において権益をさらに拡大したいという欲望を抑えきれなくなっていたのである。ロシアのこれ以上の膨張は、ウィッテの望むものではなかった。ウィッテはロシアのさらなる利権の獲得に激しく反対した。一八九七年一一月に開かれた御前会議で、彼は清国の現状維持を図り、友好関係を維持することがロシアにとって最良の策だと説いた。同席した海軍提督も、旅順は海軍基地として立地上の問題があると指摘した。しかしニコライ二世は、外務大臣ムラヴィヨフの助けを得てウィッテたちの忠告を押し切った。ムラヴィヨフは、ツァーリが東方への膨張策を願っていることだけでなく、いつも自信満々に振る舞うウィッテに反発を抱いていることを理解して、旅順の獲得を提案したのである。こうして、一八九八年に、ロシアは旅順および大連を含む関東州の租借権と南部支線の鉄道敷設権を獲得した。

ともあれ、この権利の獲得によって、ロシアはその影響力を増大させたが、その代わりに日本人の対露不信感を増大させた。それ以上に大きな代償は、三国干渉以来築かれてきた清国との友好関係を一気に冷却化させたことであった。

しかもロシアはこのときから、乏しい財源の中から多大な資金を東清鉄道と旅順の軍港建設に注入しなければならなかった。この状況こそ、朝鮮半島においてロシアが既に獲得していた地歩を強化、拡大することを困難にした最大の要因であった。一九〇〇年一〇月、駐韓公使パヴロフが外務省首脳に送った報告書は、ロシアの実情が山県の懸念するものと明瞭に異なることを示していた。このときパヴロフは、日露共同支配を強化する協定を締結するよう上層部に提案したのである。彼のこの考えはこの年の七月までに表面化していた。パヴロフによれば、朝鮮半島に割く資力のないロシアは、こうした協定によってのみ日本の独占的支配を抑えることができるのである。つまり、この時期のロシアには、韓国において対日戦略のために地歩を固めるゆとりなどまったくなかったのである。

以上のことをまとめれば、一九世紀末のロシアの東アジア政策は国内に激しい意見の対立を引き起こしながら積み上げられてきたもので、一貫した目的を追求するものではなかった。にもかかわらず、獲得した成果は外部には狡猾な外交を強く印象づけるものとなった。国内に意見の分裂があっても、結果として得た成果があまりに大きかったからである。義和団事件への対応によって、ロシアはこうした列国の疑惑をさらに増大させることになった。

満洲とロシア

山東半島以南とは異なり、ロシアと国境を接する地帯では、一九〇〇年六月まで義和団事件に関わる混乱は見られなかった。しかし、以前から東清鉄道の建設でロシア人に不満を抱いていた住民は、六月末になると建設中の鉄道の破壊やロシア人退去の要求といった、これまでにない行動を示すようになった。この動きには清国兵も加わることがあり、その背景には、清朝や省レベルの支配者の指示があったといわれる。

ともあれ、ロシアは鉄道と都市を建設するために、満洲に六万人以上の人々を送り出していたので、混乱の広がりにきわめて敏感であった。またロシア側には、軍事的には清国は相手にならないという自負もあり、満洲での破壊行動は彼らを極度に苛立《いらだ》たせた。すぐに軍を送って、満洲のロシア人やそこで建設中の施設や鉄道を保護すべきだという声が上がった。また北京や天津に対するのと同じように、武力で「暴徒」を鎮圧すべきだという意見も表明された。意見の中には、混乱に乗じてロシアによる満洲支配を確立すべきだというものもあった。

緊張が高まっていた七月一五日に、アムール河でロシアの汽船が突然清国兵の発砲を受けた。さらに、さらに同河の岸辺の街ブラゴヴェシチェンスクに対して、対岸の清国領から砲撃がなされるという事態が生じた。ロシア軍はすぐに反撃を開始し、ブラゴヴェシチェンスクのアムール河沿岸で多数の清国人を殺害した。その数は一説に三〇〇〇人といわれる。この後、ロシア軍の作戦行動は瞬く間に拡大し、八月末には斉斉哈爾《チチハル》を占領し、九月後半には満洲中部の多くの都市を支配下に置いた。九月二〇日、清国政府から送られた李鴻章がロシア側のアレクセーエフ総司令官に面会を求め、満洲における軍事行動を停止するよう求めた。しかし結局、一〇月初頭までに、奉天《ほうてん》（瀋陽《しんよう》）はロシア軍によって占領された。

この結果、ロシア以外の諸国は、義和団事件の後始末のために清国政府との間で行なう交渉で、ロシアの以上のような特殊な地位をどこまで考慮するかという問題に取り組まざるを得なくなった。ここでロシア側は、ロシアは清国と長い国境で接しており、しかも満洲で大規模な工事を行なう権利を有しているのであるから、特別な処遇を受けるべきだと主張した。しかしその特別な対応の内容については、ロシア国内に意見の一致がなかった。

ロシアの国際法学者として名高いマルテンスは、ロシアの占領は清国側の攻撃に基づくものであるから、占領を中止する理由はないと論じた。この意見は、満洲を獲得することを視野に置いたもので、鎮圧行動に参加した軍の上層部によっても支持されていた。他方で、ウィッテは覚書をツァーリに提出し、代償として領土を求めるべきではないと主張した。結局、モスクワの指導部は、満洲は清国の領土だと認めるが、当面は混乱を抑え、鉄道敷設を継続するためにロシア軍を駐留させ、治安確保にあたらせるという折衷的な基本政策を定めた。それは、清国政府が政府の体をなしていない以上、最終的措置はとれないという判断を受けたものであったが、結果として、現状のまま満洲を事実上のロシアの支配下に置くことも、逆に清国の権限を回復することも可能性としては残すものであった。

しかし、この方針をどのように実現するかモスクワでは明瞭にしなかったので、満洲では現地派遣軍を指揮するアレクセーエフが、ロシア軍の駐屯の権利を明確化しようとして、現地の清国役人に対して強硬に協定の締結を迫った。こうして、彼は一一月末に奉天将軍の増《ぞう》祺《き》との間に、奉天省におけるロシア軍の駐屯権を定めた協定を締結した。これはロシア側の理解では、あくまで現地における暫定的な協定に過ぎなかった。

満洲におけるロシア軍の出兵とそれに続く事態は、日本ばかりか、イギリスとドイツの不安を増幅させた。欧州の国々は、ロシアの満洲獲得は中国分割の始まりになると理解していたからである。そこでイギリスとドイツは、一〇月一六日に揚子《ようす》江《こう》協定を締結した。この協定は、ロシアの領土拡大に反対するという目的のほかに、イギリスはドイツの、またドイツはイギリスの、対露接近を阻止するという消極的な目的を持つものであった。両国は協定を締結しつつ、お互いに相手国の出方をうかがっていたのである。

日本の指導層の中では、事態は中国の分割の問題以上に、国家の安全に関わる問題として捉《とら》えられた。日本は一時的には揚子江協定に期待をかけたが、やがてそれが幻想であることを理解した。協定はロシアに、満洲における行動が国際的批判を引き起こしていることを示しただけであった。このような外部の意思表示は、ウィッテや外務省の上層部には理解されたが、清国内部に駐留するロシア軍を率いる軍人たちには、さしたる意味を持たなかった。彼らは満洲への駐留は自衛上の当然の措置とみなし、そうした行動を日本の指導層が国家の存亡に関わる問題だと受けとめているなどとは考えもしなかった。

こうして、一九〇〇年末の時点では日本とロシアの指導層は東アジアの変化について、かなり異なる認識を有していた。日本の指導層は、山県を中心に、日露間の戦争という最悪のシナリオを思い描き始めていた。他方ロシア側では、東アジアの事態は自国に有利な形で平穏化しつつあると捉えていた。ニコライ二世は九月末には暖かいクリミアに移り、そこにときたま大臣を呼ぶ程度で、いたって寛《くつろ》いだ日々を過ごしていた。

第二章　戦争の地理学

兵要地誌と地図

明治期後半の約七年間、駐韓公使として活躍した林権助《はやしごんすけ》の回想談『林権助述　わが七十年を語る』（一九三五年）の中に、興味深いエピソードがある。それは彼が駐韓公使に任ぜられた一八九九年に、陸軍の田村怡與造《いよぞう》と福島安正、長岡外史《がいし》の三人が韓国に向かう林のために歓送会を催し、その席上で朝鮮半島を描いた地図を見せたというくだりである。この三人は、当時ロシアとの戦争に備えて活動していた参謀本部の上級将校である。

田村はここで鎮海《ちんかい》（チンヘ）湾の地点を示しつつ、林に「この辺の地点をロシアに押へられたら、将来の日本は駄目と見ねばならん。あなたが公使になつて行かれるんだから、吾々があなたへのお願として特に気をつけて頂きたいのは此の事です」と述べた。林は、地図は彼らが密《ひそ》かに作成した「手製図であることが一目瞭然であるが、詳しく小さい地名迄《まで》も書いてある親切な図面であった」と説明を加えている。

おそらくこのような会合があったことは確かであろう。軍部の中には、既にロシアとの戦争を意識した動きが相当に広がっていたからである。だがはたして陸軍の参謀たちは、一八九九年という時点でこのような「手製図」を利用して議論していたのであろうか。この点は、はなはだ疑問である。というのも、既に日清戦争を戦う際に日本軍は朝鮮半島の地図を用意しており、特に半島南部については知悉《ちしつ》していたはずだからである。

戦争には戦場となる地域の地勢と地図が不可欠なことを、明治の指導者はよく知っていた。彼らは、陸軍参謀本部のもとに組織を創《つく》り、近隣諸国の情報を集め、内外の地図の作成を進めさせた。こうして、まず兵要地誌と称する書物が編纂《へんさん》された。これは、地理、気候、人口、物産、風俗、政体、宗教、歳出入、交通手段など、およそ戦争に関わると考えられる一切のことを百科全書的にまとめた書物である。『支那地誌』は最初の巻が一八八七年に、朝鮮半島については『朝鮮地誌略』が一八八八年に、また満洲については『支那地誌』の一部として『満洲地誌』が一八八九年に刊行された。ロシアについては、一八九三年に『西伯利《シベリア》地誌』が刊行された。これは、日本のロシア地誌研究の嚆矢《こうし》であった。

これらの著作では、外国で発行された地理書と軍事スパイの集めた情報が主たる情報源であった。後者のようなスパイの派遣は、一八七〇年代末から八〇年代初頭にかけて制度化された。当時特に重視されたのは清国で、毎年一〇名前後の将校が北京、上海《シャンハイ》、天津、広東《カントン》などに派遣され、赴任地で広く情報の収集にあたった。

この種の諜報《ちょうほう》活動で特に有名になった人物が、林権助の回想に出てくる福島安正である。福島は北京公使館附武官として清国の軍事的機密情報を入手し、またシベリア単騎旅行と中央アジアの踏破によって当時のロシアのアジアへの進出について情報の収集を行なった。未知の土地に対する純然たる好奇心と日本という国家の軍事的要求が彼を駆り立てていた。

さて、地誌ではなく地図について見ると、その作成は以上のごとき地誌の編纂と並行してなされた。しかし地図ともなれば、道を歩き、山川の形状を確認するだけでは作成できない。歩数ではなく器具を使う計測は、日清戦争の勃発によって初めて可能となった。こうした目的のために、一八九四年一二月に、参謀本部に臨時測図部が編成された。彼らは翌年に現地へ出発した。その活動の一端を示しているのは、一九二二年に出版された『陸地測量部沿革誌』である。それによると、日清戦争の間に陸地測量部は一七一〇枚の製図、二〇三四枚の製版を作成した。「前記地図ノ主ナルモノハ隣邦二十万分一図（朝鮮及清国）、奉天直隷両省三十万分一図、其ノ他諸局地図仮製東亜輿地図《よちず》等」であった。

また、陸軍参謀本部北支那方面軍司令部が編纂した『外邦測量沿革史』によれば、朝鮮半島では元山《げんざん》付近に第一班を、京城《けいじょう》付近に第二班を、平壌《へいじょう》（ピョンヤン）付近に第三班を、そして大邱《たいきゅう》付近に第四班を派遣した。軍上層部は彼らに、「公然実施スルコト不可能ナルヲ以テ、極秘内実行シ、班以外ノ者ニハ内外人ヲ問ハス、一切口外スヘカラス」と訓令を発していた。

以上のような事情で作成されたために、製図されたものに対しては後に多くの批判が寄せられた。先に挙げた『陸地測量部沿革誌』においても、次のような釈明がなされていた。「此ノ急遽《きゅうきょ》ノ際ニ於テ散漫零砕《れいさい》ナル資料ニ就キ、同地異称同韻異字ヲ比較校定シ、特ニ僅少《きんしょう》ナル既知ノ経緯度点ニ依拠参酌シテ地図ノ骨格ヲ作リ且諸般ノ地誌旅行記等ニ拠《よ》リテ、地形ヲ稽《かんが》ヘ、地物ヲ補ヒ、以テ外邦未開地ノ地図ヲ輯成《しゅうせい》セントス、ソノ困難ハ実ニ意料ヲ絶スルモノアリシナリ」

この時期の測図の問題点は、測量を行なう人間を民間に求めざるを得ず、必然的に作成技術が未熟であったことである。また、作業にあたって、内地測量で使う器具で行なうことを断念し、軽便な携帯測板を利用して実施したことも大きな欠陥であった。

ともあれ、参謀本部は、近隣諸国の正確な地図を作成する強い意思を保持し続けた。彼らは一八九六年になって臨時測図部を日本国内に復員させたが、朝鮮半島には要員を残すことを忘れなかった。始めたばかりの測図を継続させたのである。この結果、一八九八年には平壌周辺の測図をほぼ完了した。しかしこの時点では、まだ朝鮮半島北部の測図は十分にできていなかったようで、日露戦争開戦前の一九〇三年に平安道《へいあんどう》、黄海道《こうかいどう》の測図を行なうための措置がとられ、さらに開戦が迫る一一月には「突如トシテ朝鮮安州《あんしゅう》、楚山《そさん》、寧辺《ねいへん》及鴨緑江《おうりょっこう》沿岸ノ測図」の命令が出された。このとき派遣された四〇名は「氷雪ヲ踏ミ朔風《さくふう》［北風］ト闘ヒ約三十日間ヲ以テ」測図を完了したのである。

同様に清国についても、日清戦争のときから測図が始まった。この時期には台湾ばかりか、遼東半島、さらに北方の地図を作成しつつあったようである。先に挙げた『外邦測量沿革史』には「明治二十七、八年測図地区ハ北ハ法庫門《ほうこもん》、康平《こうへい》、西ハ新民屯《しんみんとん》、東ハ白頭山下ニ連リ旅順、金州《きんしゅう》五十万分ノ一、遼東ハ一万分ノ一、金州附近、得利寺《とくりじ》、大石橋《たいせききょう》、営口《えいこう》、遼陽附近、奉天及台湾ノ要部ハ二万分ノ一、特ニ城堡図ハ大梯尺《だいていしゃく》［大縮尺］ニテ施行セリ。其他露国図及二十七、八年既成図ヲ修正シタルモノ大半ヲ占ム」という記述が見られる。ここからすると、日露戦争前に日本側は戦場の地図をかなり用意していたかに見えるが、実際にはその大部分は先に述べた理由からきわめて不正確であり、軍を混乱させたのである。

ロシア側の地誌と地図

いうまでもなく、ロシア側も未来の戦場について必死で地理学情報を蓄積していた。この事実は日本側の史料によっても確認できる。たとえば『外邦測量沿革史』には、一八九五年一二月の日付で、元山において臨時測量部班長として活動していた玉井清水大尉が、参謀本部の測量部に宛《あ》てて送った「魯《ろ》国《こく》測量隊元山へ到着ニ関スル報告」が収録されている。この報告書は「魯国士官ノ一行ハ本月一日平壌ヨリ馬息嶺ヲ過キ当元山ニ到着セリ」という一文で始まるもので、玉井大尉はここで、ロシアの測量隊が住民から、山や村、土地の名を聞きとり、「馬上手帳ニ見取図」を書き取ったこと、ニコリスクを五ヵ月前に出発し、咸鏡道《かんきょうどう》を吉州《きっしゅう》まで南下して平安道に入り、平壌を経て元山に到着したこと、しかし彼らが作成した測図は見られなかったことなどを箇条書きで説明している。

この報告書はさらに、「兵卒ノ服装及装具ハ汚塵《おじん》破綻《はたん》遠征ノ様察スルニ余アリ、然レトモ銃及刀ノミハ一点ノ銹蝕《せいしょく》ヲ認メサルハ之感服ノ外ナシ」とか、「兵卒ノ敬礼正シク上官ヲ尊敬スル有様、又更ニ疲労ノ様ヲ呈セサルハ実ニ敬服ト云ハサルヲ得ズ」といった感想も含んでおり、日露の測量専門家たちが節度と礼儀をもって接触していたことを示唆している。

ともあれ、玉井大尉の説明にある「『コザック』騎兵第十三連隊大尉ローベンツソーフ外少尉一名、卒四名、通弁韓人一名」は、ロシア語史料から見て「ルベンツォーフ大尉」の一行と見て間違いはなかろう。この時期、ロシア側は三国干渉の結果として日本との緊張が高まったために、次々にこうした測量隊を満洲と朝鮮半島に送り込んでいたのである。朝鮮半島に送られた偵察隊の中で最も大きな成果を挙げたことで知られるのが、一九世紀末に同地に向かったコルフ少佐とズヴェギンツォフ騎兵大尉の一行である。

コルフたちが日露戦争の勃発直前に公刊した『北朝鮮軍事要覧』は、この時期のロシア側の朝鮮事情研究の到達点を示す作品である。同書は、歴史、地理、住民の状況、経済、交通、周辺海域、そして北朝鮮の地方概観に区別されており、まさにロシア版の兵要地誌であった。その一端を示すために、特徴的な部分を訳出してみよう。

「軍の移動の際に不都合な問題は、位置関係を理解することである。風景は非常に似通っており、水平線はきわめて限られている。これは峠から見てもそうである。しっかりした案内人を得ることはきわめて困難である。住民に尋ねても、道程の単位である『里』は場所が違うと内容が一様でないために、また住民は距離を、そこを通るのに要する手間で数えるために、不明瞭な知識を与えるのである」

ここからうかがわれるように、コルフたちはたしかに半島を歩き回り、軍人の目でしっかりと検分したのである。記述のレベルはきわめて高いといえよう。しかし地誌のレベルと地図のそれはロシア側にとっても同じではなかった。一九〇〇年にロシア大蔵省の肝いりで出された朝鮮半島の地図は、三三〇万分の一のものであった。またコルフたちの集めた資料に基づいて一九〇三年末に軍部が作成した地図は、八三万四〇〇〇分の一の地図であった。明らかにこれらは作戦レベルの指揮官に役立つものではなかった（長さの単位がメートル法ではないので、ここでの地図の縮尺は概数である）。

もとより満洲では状況は大きく異なっていた。ロシア側は義和団事件を通じてこの地に軍を送る以前から、かなりの測量専門家をこの地域に送り込んだからである。実際、朝鮮半島に測量隊が派遣された時期には、はるかに多い調査団が満洲に送られていた。たとえば一八九六年には、参謀本部の大尉イリインスキーが、鴨緑江から鳳凰城《ほうおうじょう》、営口、金州、旅順を偵察した。またほぼ同時期に、ストレリビツキー大佐が奉天、鉄嶺《てつれい》、吉林などを踏査した。こうして一八九四年から一八九六年までの三年間に、満洲から遼東半島の中で彼らが踏破した地域については、八三万四〇〇〇分の一の地図ばかりか、八万四〇〇〇分の一や一二万六〇〇〇分の一の地図も作成されたのである。

ロシア軍による満洲占領が長引くと、さらに地図作成に有利な状況が生じた。遠征軍の中に含められた軍事測量部隊が活動を開始したのである。この結果、一九〇一年一月から奉天省の、そして二月からは吉林省と斉斉哈爾省の地図を作成するための作業が始まった。これは、数人の将校を中心にしたグループを何班も組織し、省内を細かく割り振って、それぞれについて測図をするというものであった。当時の満洲の世情を考えれば、こうした作業が安全なはずはなかった。ロシア人たちは、日本人が朝鮮半島で遭遇したように、時に武力を行使せざるを得ない危険な状況の中で作業を進めたのである。

　こうしてロシア側では、一九〇四年初頭までに、遼東半島の南部については四万二〇〇〇分の一の地図が、また南満洲については八万四〇〇〇分の一の地図が、そして遼陽より北の地域については、奉天、四平街《しへいがい》を含めて一六万八〇〇〇分の一から八三万四〇〇〇分の一までの地図を作成した。地図のレベルでいえば、日本側は朝鮮半島について、そしてロシア側は満洲について開戦前に準備をほぼ完了していたのである。

　ここで興味深いのは、一九〇四年に満洲で実際に戦争を行なう事態になったとき、日本陸軍はロシア側で作成された地図を利用したという事実である。戦後に日露戦史の編纂に参加した瀧原三郎《たきはらさぶろう》（回想時は砲兵大佐）によれば、鴨緑江の戦闘の際に戦死したロシア将校がたまたま遼陽付近の地図を四、五枚携帯していることがわかり、それをすぐに現地の指揮官が参謀本部の測量部に送り届けた。測量部は、このロシア製の八万四〇〇〇分の一の地図を五万分の一と二〇万分の一の地図に作成し直し、各部隊に配付したのである。日本製地図は測量手が通った道路を基点として作成されており、一歩道から外れると現実とのズレが目につく代物であったが、ロシア製はこれとまったく異なる高い水準のものであった。したがって、瀧原にいわせれば、ロシア側の地図が手に入ったことは「実に天佑《てんゆう》」であった。

鉄道の利用

戦場の地理学は、一般の地理学以上に、空間を移動するのに要する時間と緊密に結びついている。「植民地戦争」ではなく、ヨーロッパにおける戦争のように、もし兵器と士気において敵と味方に大差がないとすれば、敵と味方のどちらが、戦場となるべき地点に、優勢な兵力を少しでも早く集結させることができるかによって、個々の戦いの帰趨《きすう》は定まるからである。このことをより平易にいえば、近代戦では、軍の動員と集結の能力が勝敗に決定的な意味を持つということである。ロシア軍部にとって、またヨーロッパの軍事学に学んだ日本軍部にとっても、この点は戦争の作戦指揮を考える段階での基本であった。

シベリア鉄道の建設、それに続く東清鉄道（それは南部支線を伴っていた）の建設は、まさにロシアのこうした能力を飛躍的に高める事件であった。そうであるからこそ、鉄道建設の旗振り役であったウィッテ蔵相の意図がどのようなものであったにしろ、日本の軍指導部にとっては、それはロシアの伝統的な南下政策を進めるための手段にしか見えなかったのである。

一九〇〇年の時点で日本の参謀本部は、モスクワから哈爾賓《ハルビン》まで一軍団を輸送するのに約七七日を要すると計算していた。これは、黒龍江、松花江《しょうかこう》の水路を利用するものと考えてなされた計算で、この時点では鉄道はまだその大部分が未完成であった。それでも、最悪のシ

ナリオに沿って考える日本の軍部は、次のように事態を捉えていた

一、シベリア鉄道は、ヨーロッパ・ロシアからストレチェンスクまで既に開通した。

二、ウラジヴォストークとハバロフスク間のウスリー鉄道も全線開通した。

三、東清鉄道は「遅クモ明治三十五［一九〇二］年初ニ竣工《しゅんこう》ノ見込」であった。

四、哈爾賓から旅順、大連に至る支線は、途中三六〇キロメートルの未完成区間があるものの、一九〇〇年秋には完成する。つまり、ロシア軍の戦略関係は年を追うごとに有利な状況に向かいつつある。

同じ事態はロシアの軍部の目にはまったく異なって映っていた。つまり、シベリア鉄道はたしかに一九〇〇年までにストレチェンスクに到達していたが、それは途中のバイカル湖迂《う》回《かい》路線を除いてのことであり、この部分はいつ完成するのか予想がつかない状態にあった（実際、この部分の線路は一九〇五年夏まで完成しておらず、このときまで、バイカル湖を通る砕氷船や、氷上の輸送などによって辛うじてヨーロッパ・ロシアとの連絡を維持したのである）。しかも全線が単線で、開通したとしても輸送能力は限られていた。また、東清鉄道についても、一八九九年の満洲における伝染病の発生や、一九〇〇年の混乱のために、工事は予想以上に遅れていると捉えられていたのである。

このように鉄道建設の状況について対照的な見方をしていたのは、出発点となる軍事力が

大きく異なっていたからでもあった。つまり、ロシアの国民は一億四〇〇〇万人であるのに対して、日本のそれは四四〇〇万人でしかなかった。そこから生み出される兵力は、ロシア側が予備役と後備役を含めて三五〇万人であったのに、日本の兵力はその半数にも満たなかった。保有する兵器について見ても、ロシア軍は弾薬などの備品において不足があったにせよ、兵器の種類、性能、保有数において、ヨーロッパ諸国のどこにも劣らない水準にあった。つまり軍事力の絶対比較では、日本はロシアにかなり劣っていたのである。

この状態では、戦場が自国からはるかに離れた地点にあるというロシア軍の弱点を最大限に利用することが、日本軍にとって不可欠であった。言い換えれば、ロシアの鉄道が完成する前に、また鉄道が開通した後には、それによってロシアが軍隊を極東に集中する前に、日本は多数の軍隊を大陸に送り、有利な地点を押さえる必要があった。こうした思いが、鉄道建設に対する日本の評価に影響を与えていたのである。

それでは、ロシアの鉄道は実際に開戦までにどの程度完成していたのであろうか。一九〇四年一月初頭、クロパトキン陸相は、極東に必要な軍隊を集結するためには、ヨーロッパ部から一日に七本の軍用列車、そして東清鉄道の東部と西部でそれぞれ同じ数の軍用列車を、さらに哈爾賓から南に下る南部支線では一四本の軍用列車を運行できなければならないと指摘していた。しかし実際には、機関車や車両の不足のために、これはまったく不可能であった。バイカル湖以東では、給水施設も、引き込み線も足りなかったのである。

鉄道の輸送能力を向上させるために、開戦後になってロシアの指導部は矢継ぎ早に措置を取ったが、それによっても緒戦における動員の遅れを挽回《ばんかい》することはできなかった。一九〇四年一月に極東地域（プリアムール軍管区と極東太守府が管理する領域）にロシアが有していた兵力は将兵あわせて九万八〇〇〇人弱であった。その数は日本軍と本格的な陸戦を行なう四月末になっても一三万三〇〇〇人にまでしか増強できなかった。この間、プリアムール軍管区、極東太守府の管轄地域、そしてロシアの他地域において動員を下令し、鉄道を軍事優先の体制に切り替えてもなお、この程度しか集中できなかったのである。この兵力では、遼東半島から満洲、朝鮮半島を経てウラジヴォストークに広がる広大な領域において日本軍を迎撃することはきわめて困難であった。

しかし、いうまでもなく、時間とともに鉄道の整備は進んだ。もともと強大な兵力を擁するロシアは、日本軍の進撃に対抗するために、兵士と軍需品を陸続と哈爾賓に向かって送り届けた。二月に一日平均で二・一梯団《ていだん》しか哈爾賓に到着しなかった直通の軍用列車は、三月と四月には三・七梯団になり、五月には六梯団、そして六月には七・一梯団と月ごとに増大した（ただし梯団という単位が含む輸送量は、兵、馬、軍備を総合したもので、兵力に還元できない。ここではあくまで輸送量の目安として使用した）。

この結果、一九〇四年二月から翌年九月までの二〇ヵ月で、鉄道による輸送数は将兵あわせて一二九万四五六六人、馬二三万二六九頭、貨物九五トンに達した。日本軍司令部はこの状況を正確にはつかんでいなかったが、それでもおぼろげに理解しており、戦争が続く間、次に直面するロシア軍の規模について考えざるを得なかったのである。

朝鮮半島

明治期の日本の戦争を考えるとき、地理の問題としてまず浮かび上がるのが朝鮮半島である。日本の軍指導部は、この半島が日本にとって戦略上の要衝であることを非常に明瞭に理解していた。日露戦争で満洲軍総司令官を務めることになる大山巌《おおやまいわお》（当時は参謀総長）は、一九〇三年六月にこの点を次のように説明している。

「我日本帝国ノ朝鮮半島ヲ以テ我独立ノ保障地ト為スヤ開国以来一定ノ国是ニシテ、現今及将来ニ亘リ復《ま》タ動カス可ラサル所ナリ。蓋《けだ》シ帝国ハ、瀛海《えいかい》中ニ卓立《たくりつ》シ、八面皆波濤《はとう》ナルヲ以テ古来天府ト称セシモ、運輸交通機関発達ノ今日ニ於テハ、天涯比隣波濤坦途《たんと》トナリ、国防ノ難易正ニ昔ト相反シ、且全国ノ形状蜿蜒《えんえん》南北ニ延長セルヲ以テ守備ヲ要スル地点甚タ多ク極メテ国防ニ不利ナリ。独リ幸トスル所ハ、西ニ朝鮮海峡アリ、東西ノ航路ヲ扼《やく》シ、隠然国防ノ鎖鑰《さやく》ヲ成ス。故ニ朝鮮ヲシテ能《よ》ク常ニ我ニ親附シアラシムルトキハ、日本海ノ門戸茲《ここ》ニ固ク、大ニ国防ニ有利ナリ。若シ之ニ反シ、大国ヲシテ朝鮮ヲ領セシメンカ、其位置ハ恰《あたか》モ帝国ノ脇肋《きょうろく》ニ対シ其距離ハ僅ニ二、三時間ノ渡航ヲ要スルノミ」

ここに示された戦略的意味合いは、朝鮮半島を大国ロシアに渡してはならないという程度のものである。しかし戦争を行なう段階では、半島はこれとは別の意味を持った。日清戦争のときのように、半島は日本の作戦遂行の場として考えねばならなかったからである。

日露開戦とほぼ時を同じくして刊行された参謀本部編『日清戦史』は、当時の日本軍指導部のこうした見方の一端を示している。それはまず「朝鮮半島ハ到処《いたるところ》山地多クシテ交通便ナラス」と指摘し、続いて部隊を上陸させるのに都合のよい港を検討していた。同書によれば、「此半島ノ東岸ハ脊梁《せきりょう》山脈連亘《れんこう》シ、岸線ノ出入尠《すくな》ク沿岸島嶼《とうしょ》稀《まれ》ニ従テ、良港湾ニ乏シ」く、使える港湾は永興《えいこう》湾や元山湾などしかなかった。同書はさらに、「西海岸線ハ出入甚シク一見港湾ニ富ムカ如シト雖《いえど》モ、内地ヨリ流出スル土砂多ク、沿岸概《おおむ》ネ遠浅ニシテ、殊ニ潮《ちょう》汐《せき》満干ノ差甚シク（中略）港湾ノ価値、之カ為メニ減スルヲ免レス。然レトモ、之ヲ東岸ニ比スレハ艦船ノ泊地尠カラス」として、牙《が》山《さん》湾口、済物浦《さいもっぽ》（仁川《じんせん》港）、群山浦《ぐんさんほ》、木浦《もっぽ》などを例示した。こうした検討の結果、同書は、南部の海岸こそ「沿岸又島嶼ニ富ミ良好ナル泊地多」く、ここにある釜山浦《ふざんほ》、馬山浦など多数の港において「大艦ヲ安全ニ碇泊セシムルニ足ル」と結論づけていた。

次に同書が注目したのは道路である。その検討によれば、「道路ハ概ネ徒歩路ニシテ、其《その》大街道ト称スルモノト雖モ、山地ヲ経過スルニ至レハ幅員忽《たちま》チ狭縮シテ三、四十珊米《サンチメートル》ト為リ、一、二ノ街道ヲ除クノ外、皆車輛ヲ通ス可キモノ無ク僅ニ駄馬ヲ通スルニ過キス。而《しか》シテ水田多キ地方ニ於テハ、往々田畦《たあぜ》ヲ以テ通路ト為スモノアリ。河川ニハ堤防ノ設ナクシテ、水ノ氾濫《はんらん》ニ任シ、又重大ナルモノニハ殆ト皆橋梁《きょうりょう》ナシ」という状態であった。

検討はさらに進み、どこからどこまでの経路が行軍可能か、同書は細かに記述している。たとえば、京城から義州《ぎしゅう》に至る街道は「全行程百十余里ヲ算ス此国第一等ノ道路ニシテ、幅員三乃至《ないし》六米突《メートル》アリ。概ネ車輛ヲ通ス。然レトモ途中幾多ノ狭隘《きょうあい》山嶺アリ」といった具合である。朝鮮半島の上陸地点とその後の行進経路の検討は、日本軍の大陸における軍事行動を計画するとき不可欠な作業であったのである。

日本側がこうした軍事的分析を行なっていたとすれば、当然ロシア側も負けてはいなかった。視点はそれほど変わらなかった。たとえば先に挙げたコルフとズヴェギンツォフの研究書は、朝鮮半島の北部にある道路について次のように記述していた。

「車道は三種に分けられる。その内、第一種と第二種の道（会寧《かいねい》と茂山《もさん》から富寧《ふうねい》を通って鏡城《きょうじょう》へ行く道、沿海州の日本海に沿って進む道、平壌から義州に行く道、その他の南部地区の道）は、渡河と場所によって畦道を通ることを除けば、十分な状態である。その代わりに、第三種の道、つまり大部分の道は、なすべきことが多いままに放置されている。急な上り下り、特に峠のそれ、道の狭隘さ、存在しないか、さもなければ質の悪い橋、いたるところの早瀬、路面に突き出た岩、一面の砂利道（北東方面）、それらが主な欠陥である」

ここからうかがえるように、ロシア人たちも、行軍の際に問題となる道路について日本の観察者と同じように評価していた。しかし、ロシア側の記述には明らかに日本のそれとは異なる視点も盛り込まれていた。彼らは、日本の軍人が港湾に示したのと同じほどの注意をもって、中国大陸と朝鮮半島の間の交通の便について記述しているのである。ロシア側からすれば、海路ではなく陸路を伝わって大陸から半島に移動することこそ最も重大な問題であり、観察の目は自然に国境地域の通過可能地点に注がれていたのである。

ロシア側の地理書はいずれも、朝鮮半島と大陸の間には長白《ちょうはく》山脈がそびえ、さらにその奥の吉林省側には、ロシア語でプロスコゴーリエ（山岳地帯という普通名詞だが、ここでは固有名詞のように記述されている）と呼ぶ山地が壁のように広がっていることを強調していた。これらの高地のために、彼らの観察によれば、日本軍の国境通過可能地点は、北では豆満江《とまんこう》の河口部分であり、南では鴨緑江の河口部分に限られていた。

前者についていえば、浅瀬のある慶源《けいげん》あたりを渡河可能な地点とみなしており、穏城《おんじょう》についても作戦行動のうえで要注意地点と見ていた。つまり、日本軍がもしロシア領の南ウスリー地域、特にウラジヴォストークを目指す場合でも、慶興《けいこう》より豆満江を遡《さかのぼ》った地域はその地形からして通過不可能だと判断していたのである。

他方で鴨緑江の側は、これほど狭い地域に限定することはできなかった。検討の結果、最も重要な地域として挙げられたのは、碧潼《へきどう》から下って河口までの沿岸、特に長甸《ちょうでん》河口から義州の間であった。後者は中国の側から半島の内部へ通じる街道があり、作戦活動に都合がよいと考えられた。やがて日本軍が行動する場所が実際に昌城《しょうじょう》から義州の間であったことを考えれば、このようなロシア側の認識は的確であった。彼らにとって予想外であったのは、開戦時に朝鮮半島周辺の制海権を奪われたことであった。この点は後で述べることにする。

旅順とウラジヴォストーク

日本にとって朝鮮半島が最重要戦略地域であったとすれば、ロシアにとってのそれは旅順とウラジヴォストークであった。島国である日本との戦いに勝利するためには、海戦が必要であり、これらの軍港なしにはロシアにとって太平洋での海戦は不可能であった。

一般的に考えれば、ロシアは一八九八年に旅順と大連を含む関東州の租借権を獲得したことで、東アジア方面に対するその立場を非常に有利にした。旅順はウラジヴォストークと異なり不凍港であった。また、東清鉄道の哈爾賓から南に下る支線の終着点として、この鉄道の有用性は非常に高まった。鉄道敷設後に起こるはずの物流は、バイカル湖以東の地域をヨーロッパ地域に強固に結びつけ、その経済的発展を促すと考えられた。

しかし軍事的に見るとき、このような展望には最初から多くの疑問がつきまとっていた。ロシア海軍の専門家たちは、軍港としての旅順に欠陥があることに早くから気づいていたからである。欠陥とは、一八九九年に北京駐在のロシア武官が手厳しく指摘したように、「旅順は通過に困難で狭い出入り口を有し、ここに避難所を求める艦隊にとって罠《わな》になる。なぜなら封鎖が容易だから」というものである。補足すれば、旅順港は潮の関係で、艦船が内海から外海に出るのに、一隻ずつ、ゆっくりと進まねばならず、外洋で待つ敵艦隊によって容易に攻撃対象となる構造を持っていたのである。

さらに問題なのは、旅順がロシア領から遠く、その防衛が困難であったことである。哈爾賓から旅順までの距離は九七二キロメートルもあった。両地点を結ぶ南部支線を急ぎ建設するとしても、軍の移動能力は限られていた。つまり軍事的に見れば、旅順と大連へのロシアの進出は、その限られた兵力をさらに薄く引き延ばす効果を持った。このことも早くから指摘されていたが、ロシア軍指導部としては、ヨーロッパ方面の国境を固める費用を削ってまで、この飛び地の防衛を強化する必要はないと考えたのである。

しかし中央の判断は判断として、現地の防衛を司《つかさど》るプリアムール軍管区の司令官は、こうした中央の怠慢に憤りを感じていた。一八九九年五月に彼は、旅順は「北京に至る海路のきわめて重要な戦略拠点」であり、「わが太平洋艦隊のはるかに南に伸びた海軍中継点であり、その支柱である」と指摘した。彼から見れば、速やかに旅順の防衛を固めず、将来もし喪失するようなことが起これば、それは「アジアにおけるわが国の威信に対する大打撃」になるはずであった。こうした適切な批判が早くからなされていたが、常にヨーロッパ方面の敵に備えてきたロシア軍の伝統を根本的に転換するまでに至らなかったのである。

このような批判を考えれば、旅順の獲得後もしばらくの間、ロシア海軍軍令部が太平洋艦隊の主力艦の基地を、まだ防衛が十分とはいえない旅順ではなくウラジヴォストークに置いたのは自然であった。ようやく一九〇三年になって、ウラジヴォストークではなく旅順に主力艦の基地を置く決定がなされた。このときまでに日本との間では緊張が高まっており、日本軍の朝鮮半島沿岸、もしくは遼東半島沿岸への上陸を防ぐためには、旅順に配備された艦隊が不可欠だと判断されたのである。

一九〇三年になると、旅順とその周辺の防備を固める工事も精力的に進められた。戦争を戦い抜くための長期保存用の食糧倉庫が建設され、周辺には堡塁《ほうるい》が、また海岸や拠点となる地域には砲台が次々に敷設された。開戦までの工事の進捗《しんちょく》状況はロシア側の計画からすれば半ば程度であったが、開戦後にはそれまでにも増して多大な労力が動員され、攻防が始まる一九〇四年の夏までに旅順は堅固な要塞《ようさい》へと変貌していったのである。それとともに、配備軍も急激に増大した。遼東半島の南端、およそ三〇〇〇平方キロメートルの広さを持つ関東州の守備隊は、開戦時には国境警備隊を除いて二万四〇〇〇人余りになっていた。このうち、旅順に配備されたのは約一万六〇〇〇人であった。この規模は、敵の一部を引き付けるという最低限の課題に応えることを可能とするものであった。

ところで旅順に太平洋艦隊の根拠地を置くとしても、旅順とウラジヴォストークの間は海路で二二〇〇キロメートルも離れているので、すべての艦船を旅順に集中させると、残されたウラジヴォストークが危険にさらされる恐れがあった。このためロシアの海軍司令部は、常に少数の艦船をウラジヴォストークに残していた。開戦時には、ウラジヴォストークには三隻の装甲巡洋艦と一隻の巡洋艦が残され、旅順には太平洋艦隊が擁した戦艦七隻がすべて配備されていた。この結果、日本の艦隊に比べると僅かながら劣勢であったロシアの太平洋艦隊は、個別に見れば明白に日本のそれに劣る二つの艦隊に分けられたのである。

こうした事情を日本側は早くから作戦の中に取り入れていた。一九〇三年三月から四月にかけて日本海軍が大演習を行なったとき、海軍司令部は、旅順艦隊とウラジヴォストーク艦隊の二艦隊が合同する前に捕捉し、個別に撃破することを目標としていた。

戦争が実際に起こると、ウラジヴォストーク艦隊は開戦後一度も旅順艦隊と合同できなかった。日本周辺で汽船を襲うなどの攪乱作戦を実行し、日本側に若干の混乱を引き起こしただけであった。しかしそれも十分に考えられた作戦ではなかったため、戦局に影響を与えることはなかった。全体として見れば、ロシアの太平洋艦隊は驚くほど僅かな役割しか果たさなかった。海軍の反対を押して旅順を租借したときから、この結果はある程度予測されたものであった。総じてロシア軍司令部は戦争の観点から地理を見るのに長《た》けていたが、陸軍と海軍の共同作戦が不可欠な旅順の場合には、そうはいえなかったのである。

第三章　政事と軍事

モリソン報道

一九〇一年一月三日、日露関係を揺さぶる報道がロンドンの『タイムズ』紙に掲載された。同紙の北京特派員として名高いジョージ・モリソンが、「ロシアと中国、満洲の協定」と題して、第一章で言及した前年一一月のアレクセーエフ＝増祺の協定を紹介したのである（もっともこの記事には、いつ、どこで、この協定が締結されたのか明示されていなかった）。

協定についてのモリソンの記述は、ロシアの研究書の伝える内容とかなり異なっていた。たとえば、ロシア側で伝えられる文書では、第二条は、鉄道建設と秩序確保のために、ロシアはその軍を奉天その他の拠点に駐留できる、奉天の将軍はこれを助けねばならないと規定していたが、モリソンはこれを、奉天の将軍は「軍事占領中のロシア人を厚遇し、鉄道を保護し、省内を平定し、宿舎と食糧を提供しなければならない」とまとめていた。また第三条も、ロシア側の文書が、省内での騒擾《そうじょう》と鉄道の破壊に参加した者として清国兵は武装解除され、解散されると述べていたのに対して、モリソンの記事は、奉天将軍は「中国兵の武装を解除し、解散しなければならない」と書いていた（ちなみにロシア側文書の内容は、在清の西徳二郎公使が、一二月三〇日付で加藤高明《たかあき》外務大臣に送った文書［一九〇一年一月一四日着］に記されているものと酷似していた）。

モリソンの報道でさらに問題であったのは、以上のように協定内容をまとめた後に、彼が「必ずやこの協定に続いて、他の二省との間にも同様の協定が結ばれるだろう。そのときには、満洲は事実上ロシアの保護領となるだろう」と結論づけていたことである。この部分こそ記事全体の主張となっていたが、この点を論証する事実は何も示されていなかった。先にも述べたとおり、ロシア側の理解では、アレクセーエフが締結した協定はあくまで地方的なレベルで暫定的になされたものでしかなかったのである。

モリソンの研究者の中には、アレクセーエフの行動をウィッテの目指したものとみなし、協定は、満洲の領有を図るロシア指導部の意を体するものであったと述べる者もいる。しかしそれはこの時期のロシアの政治をあまりに単純に捉えており、説得的ではなかった。第一に、既にこの時点でウィッテはニコライ二世の寵《ちょう》を失いつつあり、もはやロシアの行動を指揮する立場にはなかった。第二に、ウィッテは、ロシア指導部の中にあっては、満洲をあからさまに領有することよりも、鉄道を建設して経済的利益をあげようとする勢力を代表していた。つまり、ウィッテとアレクセーエフの間に協力関係は考えられなかった。

以上のように見ると、モリソンの報道はまったくの捏造《ねつぞう》というわけではなかったが、明らかに事実の一面を誇張したものだった。ロシアの指導部の中に存在した意見の対立を無視し、ロシアの全体的姿勢は満洲の奪取にあると断じたのである。

このような記事が出された背景には、多くの研究者が指摘するように、モリソンが有していた強いロシア警戒論があった。彼がこの時期に書いた記事には、ブーア戦争にかかりきりになっているイギリス国民に、極東で起こっている重大事を知らせ、警鐘を鳴らしたいという意図が一貫してうかがわれた。彼はこうした立場から、日本をロシアと対抗させることが望ましいと、公然と表明していたのである。

しかしモリソンの反ロシア的傾向だけで、このようなスクープが生まれたと考えるのは適切ではない。ロシアの満洲への進出が、この時期に列強の中で引き起こしていた不安を考えなければ、モリソンの記事の背景にあるものを読み取ることはできないであろう。不安とは、ロシアが万一満洲を獲得すれば、それは清国全体の分割を引き起こすかもしれない、あるいは極東にロシアの支配権が確立するかもしれないというものであった。

いうまでもなく、こうした不安をどこよりも強く抱き、したがってこのようなロシア警戒論を最も必要としていたのは日本であった。日本の外交当局は、ロシアの満洲への進出は、これまでの遼東半島への進出と結びつけて考えないわけにはいかなかった。満洲に鉄道利権を持つだけでも戦略的関係がロシアに有利に変化するのに、さらに満洲全体を占領して遼東半島を結びつければ、それは極東におけるロシアの軍事的優位を決定づけることになるだろう。こうした危機感は日本の外務官僚の中に既に相当高まっていた。

しかし、現実には日本の力だけで満洲からロシアを追い出すことは不可能であった。そこで、欧米諸国にロシアの満洲における行動の危険性を説き、反ロシアの包囲網を組織したいと考えていた。モリソンの報道は、こうした目的を追求するうえで願ってもないものであった。こうして、日本の在外公使たちは、モリソンの報道を知るや否や、ロンドン、モスクワ、北京、ベルリン、ワシントンで動き出したのである。それはロシアの真意を確かめるだけでなく、ロシアの行動の不当性を国際社会に訴えるためでもあった。

だが、ロシア側はこのような非難で動揺することはなかった。一月半ばに在露日本公使珍《ちん》田《だ》捨巳《すてみ》が露清協定について問い合わせをしたとき、新任の外務大臣ラムズドルフは、この件はロシアと清国の問題であるので、他国に説明する必要はない、ただ非公式な見解としては、ロシア軍による占領は一時的なものだと述べた。彼は、日本国内ではかつてなく対露批判が高まっているとするロシア外交官からの報告を読んでいたはずであるが、この機会にわざわざ釈明する必要などないと判断したものと見える。

満洲をめぐる綱引き

一月二七日になって、ニコライ二世はようやく家族を伴ってクリミアからペテルブルグに戻った。もとよりツァーリの帰還は、満洲に展開するロシア軍の動静をめぐる騒ぎとまったく無関係であった。彼はこの問題にまったくといってよいほど重要性を認めておらず、すべて重臣たち、つまり、クロパトキン陸相、ラムズドルフ外相、ウィッテ蔵相の三人に任せていた。結局二月一〇日に、この三人が以下のような内容の露清協定案を作成した。


第一条、満洲は清国の一部であることを認め、その民生部門の復活を認める。

第二条、鉄道守備隊では建設中の東清鉄道を守ることができないので、ロシアは安寧が回復するまで満洲に軍を駐屯できる。

第三条、満洲駐屯のロシア軍は、必要があれば、清国官憲を助けて秩序維持のため働く。

第四条、東清鉄道が建設され、運行されるまで、清国は満洲に兵を置かない義務を負う。

第五条、清国側はロシア政府の申し出により、ロシアに友好的でない将軍などを交替する。

第六条、清国は、中国北部に配備された陸海軍に外国人の教官を置かない。

第七条、金州の自治権を廃止し、ロシアと中国の現地当局の間で、秩序維持の協定を締結する。

第八条、清国は、ロシアの同意なく、ロシアと接するモンゴル、満洲などの地域で外国人に利権の供与を認めない。

第九条、清国は騒擾のために費やされた費用を賠償する。

第一〇条、清国は、東清鉄道の受けた損害を賠償する。

第一一条、前条の賠償の代わりに、東清鉄道への新しい利権の供与もあり得る。

第一二条、清国は、新たに北京に至る鉄道の建設を認める。


以上からわかるように、ここでも、満洲を支配下に置いておきたいという希望と、将来のいつか返還することもあり得るという認識が並存していた。ロシア側としては、義和団事件の始末のために清国は欧米諸国の圧力に苦しんでおり、ロシアの助力を必要とするようになる、だからこのような曖昧な要求を呑《の》むかもしれない、と判断していたのである。

しかし、ロシア側が二月一六日に提示するとすぐに、その内容は外部に漏れ出た。まず二七日に、駐清公使小村寿太郎《こむらじゅたろう》が加藤外相にその内容を伝えた。また翌日には『タイムズ』紙が同案を伝えるモリソンの記事を掲載した。どちらも右に書いた一二ヵ条の内容をほぼ正確に伝えており、明らかに交渉に参加した清国政府の誰かが、ロシア案を意図的に漏洩《ろうえい》することで国際的な支援を得ようとしたのである。こうして交渉は、早くからロシアと清国の間のものから、ロシアとその他の国の間でなされるものになった。

しかしこのような状況でも、日本にできることは限られていた。三月一二日に、加藤外相が伊藤博文へ送った書簡は、日本の選択として、ロシアに公然と抗議し、戦争をも辞さない態度で臨むべきか、あるいは今後日本は韓国について自由に行動すると宣言するか、そうでなければ、この際には「一応ノ抗議ヵ権利ノ留保ニ止《とど》メ」るか、と三策に整理して提示した。加藤はいずれの策を取るべきか、判断できなかったようである。

その三日後に元老が集まり、加藤の示した案について協議した。しかし元老たちの結論も、前記のうちでは第三策を採用する以外にないというものであった。山県は伊藤と異なり、既にロシアとの関係は「早晩一大衝突」になる恐れがあり、これを回避するにはイギリスなどと結ばざるを得ないとする結論を導きだしていたと思われる。彼はこうした考えを四月末に「東洋同盟論」と題して書面にして提示するのである。ここからすれば、山県は、日本はまだロシアと戦争ができる状態にないと慎重に判断していたのである。

実は同じ時期にロシア側も別の意味で苦慮していた。清国との交渉がここまで国際化した結果、ロシア側は弱いはずの清国の反論に耳を傾けざるを得なくなっていた。清国側は、列国が最恵国待遇を有することを指摘して、ロシアにのみ特別の権利を認めることはできないと主張し、第六条、第七条、第一二条は認められないと反論した。第四条についても、清国はその軍を東清鉄道建設区域に配備しないと改めるよう求めた。また第一〇条も、義和団事件における他国への賠償と見合う額に変更するよう主張した。

こうして、三月半ば、ロシア側は自国の要求を再検討した。出された結論は、第四条は満洲に清国軍を駐留することは認めるが、その人数と配置場所についてロシア側と協議すると改める、第六条は取り下げ、第七条では金州への言及をやめるというものであった。ロシア側はしぶしぶではあれ、その他の条文についても内容を改める方向に向かった。

以上のごときロシア側の譲歩は、いうまでもなく、国際世論を巻き込んだ清国外交の巧みさによるものであった。しかし同時に、そもそも占領の時点からロシア側に意見の統一がなかったことが、ここに来て影響し始めていた事実にも注目する必要がある。ロシア指導部は力に任せていたずらに要求を連ね、交渉環境を悪化させてしまったのである。

清国政府の抵抗は続き、ロシア側は四月初頭までに交渉の一時中断を決めた。満洲を占領している状態は続くので、時間の経過とともに清国側も譲歩に向かうだろうと考え直したのである。こうして四月五日、ロシア政府は、これまで満洲を返還するために清国と交渉を進めてきたが、清国政府は非協力的で、交渉を中断せざるを得なくなったと公式に表明した。満洲における綱引きが既に数ヵ月も続いていたことを考えれば、この中断は明白にロシア側の劣勢、清国側の優勢を示すものであった。しかしロシア指導部も日本を含む列国も、まだロシアに有利に事態は進んでいると判断していた。

満韓交換論

これまで満洲の問題に絞って述べてきたため後回しにしたが、実は一九〇一年一月初頭には、日露間では韓国問題をめぐっても奇妙な動きが見られた。すなわち『タイムズ』の衝撃的報道から間もない七日に、ロシアの駐日公使イズヴォリスキーが日本側に韓国を列国の共同保証のもとに中立化する案を提示したのである。イズヴォリスキーはもちろん提案の前にロシア外相の同意を取りつけていた。しかし彼がそのような同意を取りつけたとき、まだモリソンの衝撃的報道は現れていなかった。イズヴォリスキーはこの報道が起こした国際的波紋を十分に考慮せずに、韓国中立化案を日本側に示したのである。

既にロシアが満洲を保護国化するのではないかと恐れていた日本の外交当局者は、この韓国をめぐる提案に警戒を強めた。ロシアは満洲を得たうえにさらに韓国を中立化して、日本の影響力を弱めるつもりではないかと懸念したのである。

しかし日本の指導層の中には、ロシアのこの提案はけっして悪くはないと考える者もいた。伊藤博文、井上馨《いのうえかおる》などである。彼らは、これまでも日本とロシアは朝鮮半島における影響力を分け合ってきたのであるから、今後も二国の合意によって安定を図るべきだと考えていた。言い換えれば、外務当局（加藤外相、小村寿太郎など）は、満洲へのロシアの進出でこれまでの韓国をめぐる枠組みは再検討すべきだと結論づけていたのに対して、伊藤たちは、これまでの枠組みで韓国問題を処理すべきだと考えていたのである。

加藤はすぐにイズヴォリスキーの提案を満洲問題に結びつけ、一七日にロシアの満洲撤退問題が終了した後に、韓国の問題を協議したいと回答した。こうした動きにラムズドルフ外相はタイミングの悪いことを察知し、二四日に珍田公使に会ったとき、先の提案はただ「友好的ニ意見ノ交換ヲナサント」したもので、中立はロシアが望んでいるわけではないと答えた。この腰の引けた対応は、満洲問題の意想外な展開に慌てていたためと思われる。もともとアジア方面の情勢に疎い彼には、状況に対処する能力は乏しかったのである。

以上のようなやり取りによって、このときのロシアの韓国中立化案提案はあっけなく交渉議題から消えたが、その影響は日本側において甚大であった。この提案は、日本の指導層の中に、満洲と韓国を併せて日露間の交渉対象とみなすべきだとする意見を生み出したのである。より具体的にいえば、ロシアは満洲を、そして日本は韓国をという形で勢力圏を定めるべきだという、いわゆる満韓交換論がここに現実的政策として浮上したのである。

一九八〇年代までの研究では、このように満洲と韓国を取引材料にしてロシアと日本が協定を結ぶ方向と、日本がイギリスと同盟関係を結んでロシアに対抗する方向が二者択一の形で描かれることが多かった。前者が伊藤博文たち対露宥和《ゆうわ》派の立場で、後者が加藤高明など対露強硬派の立場だったというのである。しかし近年では、二つの方向は必ずしも対立しておらず、むしろ相互に補完しあっていた可能性が高いとする解釈が有力になっている。相互に補完しあっていたという解釈では、対露提携論と対露不信・対英提携論の間には、両方向を同時に追求するという暗黙の了解があった可能性が高いというのである。

たしかに山県はまだロシアとの戦争が可能だと判断しておらず、満洲と韓国を材料にしてロシアと協定ができれば、それはそれで望ましいことだと考えていた。また伊藤にしても、日英が同盟することに反対していたわけではなかった。彼はただイギリスが日本との同盟に踏み切る可能性は乏しいと判断していたのである。この伊藤の判断は、けっして奇妙なものではなかった。日英同盟はたしかに翌一九〇二年一月に締結されるのであるが、その交渉が本格化するのはようやく一九〇一年夏のことなのである。

夏までは、桂首相や林董《はやしただす》駐英公使の努力にもかかわらず、イギリス政府は明白な同盟案を示そうとしなかった。これはイギリス側も、日本と同じく、ロシアとの関係改善の可能性を探っていたからである。ともすると、一九〇一年の早い段階から、日本の反ロシア姿勢とイギリスの伝統的な反ロシア姿勢が自然に共鳴して、両国が同盟に向かったと解釈されがちであるが、それは明らかに当時のイギリス外交の状況を見誤っている。伊藤はこのようなイギリスの二股外交《ふたまた》を鋭敏に察知し、警戒していたのである。

しかしロシアの満洲における居座りという事態は、伊藤にも影響を与えていた。一九〇一年の半ばまでくると、さすがの伊藤も、朝鮮半島のみを交渉対象とするのでは、日露和解を生み出すことはできないと考えるようになった。言い換えれば、彼も満韓交換論で日露関係を再構築するという定式を最良と考えるようになったのである。

こうした案を固めて伊藤がモスクワに向かうのは、九月一八日のことである。彼はアメリカ、フランスを経て、一一月末にペテルブルグに到着した。この後、伊藤はロシア側と交渉に入ったが、ロシア側が一二月に示した対応は、ウィッテのそれを除けばきわめて厳しいものであった。何よりも、ロシア海軍の代表は、現行の韓国をめぐる協定によってロシアは韓国で港を獲得できる可能性があるので、新たに日露の協定を結ぶべきではないと主張した。彼らは、旅順とウラジヴォストークの中間に位置する朝鮮半島に停泊地を獲得することは、両港を戦略的に利用するために不可欠だと考えていたのである。ロシア陸軍もまた、満洲におけるロシアの優先権を日本側に一方的に認めさせたいと考えていた。こうした強硬論を受けて、ロシア側は伊藤のいう満韓交換論での和解を拒絶した。伊藤はなおも希望を捨てなかったが、事態は彼の考えとは異なる方向に進んでいった。

日英同盟

伊藤とロシア側の交渉において、彼の意見に最も好意的反応を示したのはウィッテであった。ウィッテはこの時期、次のように述べて伊藤の案を受け容れるように説いていた。
「韓国を放棄すれば、われわれは日本との常なる誤解の素を取り去り、いつも攻撃で脅かす敵を、同盟国とはいわないまでも、このように苦労して得た土地を再び失わないよう、われわれとの友好関係を維持しようとする隣国に変えることができよう。ロシアと、目下のところ、われわれにとって海から近寄りがたい日本との間には、新しい陸上の国境ができるだろう。この国境からわれわれは常に日本を脅かし、将来、鉄道の建設が十分に完成し、わが国の北中国における影響力が確立したときには、状況が許せば、再び韓国を支配することすら考えられよう。この点では、日本は一度ならず韓国を支配し、一度ならずそこから去ったことを忘れるべきではない」

おそらくウィッテは、ロシアの海軍を最初から頼みにしていなかったのである。右の意見にあるように、彼はロシアが満洲に鉄道を通じて地歩を固めさえすれば、たとえこの際、日本に韓国を譲ったとしても、将来的にロシア側に不利にならないと考えていたのである。しかし、ウィッテの透徹した議論は、もはやニコライ二世をはじめとする指導部の好意的反応を呼び起こさなかった。こうしてロシア側がウィッテの示した和解の提案を見送った頃、逆に日英同盟は急速に実現に向かっていた。今やイギリスは、日本とロシアを和解させるよりは、自国が日本を取り込んだ方が良いと考えるようになっていた。

既に多くの研究者が指摘するように、日英同盟の交渉は驚くほど円滑に進んだ。その一つの理由は、伊藤が国外にあり、山県がこの条約を支持したことにあった。しかしそれ以上に重要な意味を持ったのは、条約の内容がきわめて限定されていたことであった。すなわちこの条約に従えば、日露の間で戦争が勃発したとき、また逆に英露の間で戦争が勃発したとき、イギリスにしても日本にしても自動的に互いに軍事的援助をなす義務を負うわけではなかった。両国の一方がロシアと交戦状態に入り、第三国がロシア側について攻撃に加わった場合に限って両国は相互に援助する義務を負ったのである。

この時期のイギリスにとって、露仏同盟を固めるロシアはヨーロッパ方面では強敵であった。したがって、日本とロシアの極東における戦いに引きずられる形で戦争に巻き込まれることを極度に恐れていた。その結果、右のような限定された形での条約を好ましいと考えていた。他方日本側にしても、政治の中枢において伊藤博文や井上馨などが日露提携論を唱えている状況では、このような条文が望ましかったのである。

しかし内容がいかに限定されたものであれ、ひとたび同盟条約が締結されると、日露関係はそれによって大きく規定されることになった。新しく駐露公使となった栗野慎一郎がラムズドルフ外相に向かってどれほど伊藤の路線の継続を訴えても、反露的内容の同盟条約が締結されたことによって、ロシアの対日姿勢は一段と厳しいものになった。この後、ロシアの中では、極東方面での軍備を強化すべきだとする意見が公然と唱えられるようになった。他方日本側では、大国イギリスとの同盟で、対露交渉における日本の立場が強まったと考える者が多かった。ひとことでいえば、日露和解は一段と困難になったのである。

日英同盟に対するロシアの最初の反応は、一九〇二年三月半ばになされたフランスとの共同声明であった。それは、日英同盟に含まれている、極東における現状維持と清韓両国の独立の保持という考え方に、ロシアもフランスも賛成していると言明するものであった。ロシアの外交当局は、日英同盟の締結をきっかけにして、極東に露仏両国に敵対的な国際的枠組みが生まれることを恐れ、アメリカ、イタリアなど義和団事件に関与した国々に、日英同盟という枠組みに加わらないよう呼びかけたのである。

この露仏声明の内容は、満洲におけるロシア軍を撤退させることによって初めて説得力を持つものであった。ロシアの指導部は前年夏から清国政府と交渉をしていたが、次第に軍を撤退させるのも止むを得ないと考えるようになっていたのである。こうして清国の抵抗と外国の圧力に屈する形で、四月八日にロシア政府は満洲のロシア軍を段階的に撤退させることを定めた協定に調印した。それは、「変乱ノ起ルコトナク且ツ他国ノ行動ニヨリ防碍《ぼうがい》セラレサルニ於テハ」、ロシアはまず一〇月までに盛京省《せいきょう》の西南部から軍を撤退し、翌一九〇三年四月までに盛京省残部の地域と吉林省から撤退し、さらに同年一〇月までに黒龍江省から撤退すると規定していた。曖昧な条件を付していたが、この協定は明らかにロシアが東清鉄道の建設とともに追い求めてきた拡張政策の挫折を意味した。

この結果はロシア国内でのウィッテの地位を痛撃した。既に述べてきたように、彼はしばしばロシアの要求を鉄道利権に限定するよう説き、それ以上の領土や権益を求める同僚たちに反対を表明してきた。しかし、ウィッテこそロシアの東アジア政策の推進者であるという認識が国内では牢固《ろうこ》として定まっていたため、満洲における政策の挫折は、ウィッテが進めてきた政策の失敗とみなされたのである。

ベゾブラゾフ

ウィッテの地位の低下は、一九〇二年秋に明瞭に示された。彼はこのとき、建設中の東清鉄道の視察のために満洲を訪れる予定であったので、この際、さらに足を伸ばして日本を訪問する計画を立てた。駐露公使栗野も、この訪問によって日露関係を修復し、伊藤が先に提案した枠組みで日露交渉を再開できるのではないかと期待を寄せた。つまり日本側に異論はなかったのである。しかし、ロシア外務省はこのような動きを歓迎せず、結局ウィッテは満洲のみを訪問して、ペテルブルグに戻らざるを得なかった。おそらくラムズドルフは、一〇月にロシア軍の最初の撤退がなされることを考慮し、これ以上ウィッテに介在の機会を与えるのは国内政治の観点から好ましくないと判断したのである。

現実にロシア軍が撤兵を開始する段階になると、ロシア国内では満洲を通る東清鉄道の保護の問題に関心が集まっていった。清国人が大挙して満洲に移住してくるという噂も流れていた。このままでは、ロシアのアジア進出の象徴としてあった鉄道は、清国人の攻撃の対象となり、安全な運行の確保もままならなくなると危惧されたのである。

こうした懸念が強まるにつれて、ロシア国内では対外強硬派がその動きを強めていった。彼らは、強力な軍事力を極東方面に配備し、同時に満洲と朝鮮半島の境目にある豆満江と鴨緑江の沿岸に軍事的拠点を築くことで、ロシアの満洲と朝鮮半島における影響力を守れと主張したのである。後者の件は、既に一八九六年からロシアの商人がこの地域に有していた森林資源開発利権を利用することで可能だというのである。こうした強硬派グループの中心に位置していたのが、ベゾブラゾフという元近衛騎兵連隊大尉であった。彼は前世紀の末から利権地域の戦略的重要性に目をつけ、首都の要人に働きかけていた。

ウィッテは無論のこと、ラムズドルフも、ベゾブラゾフの考えに反対であった。森林資源の開発利権を利用して、ロシアの軍事的拠点を朝鮮半島と満洲の境をなす地域に敷設するという計画は、日本と清国の双方に悪影響を与えると考えられた。クロパトキン陸相もロシアの軍事的負担の増大を考えて、これに反対した。

しかしこの三人には、満洲の鉄道を守るという課題に応える方法が思い浮かばなかった。ベゾブラゾフはこの点につけこみ、ウィッテの行動に批判的な有力者の支持を取りつけた。おそらく彼は、有力者の尽力で一九〇二年末までにニコライ二世に謁見することに成功したものと思われる。ニコライ二世は、このような得体の知れない人物の主張に耳を傾ける傾向を有していた。こうして一九〇二年末に、ベゾブラゾフは極東方面の視察に出立した。このとき、ニコライ二世は二〇〇万ルーブルという巨額の資金を彼に融通した。

ベゾブラゾフの視察旅行は、鉄道沿線にいたウィッテの部下によって監視されており、その豪遊ぶりが逐次報告された。こうした報告に基づいて、後世の歴史家たちはベゾブラゾフをあたかも山師であるかのように描いてきたが、唯《ただ》一つのことは否定できなかった。それは、彼が朝鮮半島の付け根に軍事拠点を築くという構想を真剣に考えていたことである。ベゾブラゾフは、ロシア国家ではなく、彼が設立した木材開発会社によってこのような事業を実現しようとした。彼はまた、予備役軍人を森林の警護団に偽装させて、鴨緑江河口付近に駐留させるという方策にも着手した。この計画の問題点は、実現するためには、清国側からも鴨緑江沿岸に森林資源開発利権を得る必要があったことである。しかしベゾブラゾフは、それもロシアの圧力次第でどうにでもなると考えていたようである。

ベゾブラゾフの計画は、対外強硬派のすべてに支持されたわけではなかった。ウィッテやラムズドルフの外交を軟弱とみなしていたアレクセーエフ海軍提督は、数百人の予備役軍人をこのような拠点に送ることに反対し、数十名の兵士を送った。これはベゾブラゾフを激怒させた。こうした問題を解決するには、ニコライ二世の介入が必要であった。ベゾブラゾフは首都に呼び戻され、そこで再びツァーリと協議することになった。

ちょうどベゾブラゾフがペテルブルグに帰還する頃、第二次撤兵の期日が到来した。この後に起こったことは、なかなか確定できない。一方の解釈では、二月の段階でクロパトキン陸相がウィッテたちに、第二次撤兵予定地域に奉天を含む戦略上の重要拠点が含まれるので、約束の半分だけ撤兵を実施し、満洲北部については影響力を維持したいと主張したことから、撤退が不可能になったとされている。ウィッテもラムズドルフもこれは国際的スキャンダルになるといって反対したが、彼らにも鉄道を守る良い方策がなく、これを受け容れたというのである。他方の解釈では、陸相は撤兵の準備を進めていたが、最終段階でアレクセーエフ提督（彼は関東州の長官となっていた）が、満洲の利権を守るためにはロシア軍をとどめる必要があると主張したために、撤兵はとりやめになったとされている。

真相は不明であるが、ともかくロシアはこの時点で予期せぬ強硬策をとった。一九〇三年四月、撤兵を見合わせ、清国政府に七ヵ条からなる要求を提示したのである。その内容は、清国に還付する領土については、どこの国にも譲渡や貸与しないこと、ロシアの同意を求めずに満洲に新たに港口《こうこう》などを開かず、そこに外国領事の駐在を許さないこと、直隷省を含む清国の北部地方についてはロシアの利益を優越させ、この地域で行政事務のために外国人を聘用《へいよう》する場合には、その権力が及ばないことを認めること、などであった。つまり、満洲の大部分においてロシアの特殊権益を認めるよう改めて迫ったのである。

当然のごとく、清国政府はこうした要求を拒否し、露清交渉はたちまち決裂した。いうまでもなく、ロシアの要求はすぐに外部に伝えられ、国際的批判を引き起こすことになった。しかしニコライ二世は国際世論に耳を傾ける人物ではなかった。彼はこのような状況にあった五月一九日に、ベゾブラゾフを宮廷顧問官に任命した。アレクセーエフとベゾブラゾフの意見の対立についてどのように考えたか不明であるが、ツァーリは明らかにウィッテとラムズドルフが説いてきた路線を拒絶し、強硬派の議論を支持したのである。

陸軍参謀本部

他方日本では、四月二一日に京都の山県有朋の別荘無隣庵《むりんあん》において、山県、伊藤、桂、小村の集まる会議が催された。ロシア軍の満洲撤兵の中止という事態に対して、指導部は善後策をまとめようとしたのである。ここで出された方針は、さして尖鋭《せんえい》なものではなかった。「朝鮮問題ニ対シテハ露国ヲシテ我ガ優越権ヲ認メシメ一歩モ露国ニ譲歩セザル事」、「満洲問題ニ対シテハ我ニ於テ露国ノ優越権ヲ認メ之ヲ機トシテ朝鮮問題ヲ根本的ニ解決スル事」というものであった。言い換えれば、指導部は、満韓交換論による日露の妥協を方針として採択したのである。戦争はまだ不可能と判断されていた。

しかし軍部においては、戦争は不可避だとする意見が強まっていた。四月のロシア軍撤兵中止の報に続いて、鴨緑江沿岸におけるロシア側の策動についての報告が届いた。五月になると、京城に駐在した野津《のづ》鎮武《しずたけ》少佐が、ロシアが鴨緑江の韓国側に位置する龍岩浦《りゅうがんほ》を占領し、そこで兵営工事を始めたという報を寄せた。ほぼ同じ頃、この動きは林権助公使によっても伝えられた。戦場の地理を思い描く軍上層部は、このような朝鮮国境における動きとロシア軍の満洲居座りの決定を相互に深く結びついたものとして受けとめた。

事態の急展開を受けて、参謀次長田村怡與造《いよぞう》は、五月九日に井口省吾《いぐちしょうご》総務部長を呼び、「目下ノ情況捨置難キニ依リ、各部長ヲ会シ、至急準備スヘキ事項ヲ調査スヘキ」と命じた。これより先に、井口は海軍軍令部局員小田喜代蔵《きよぞう》中佐の訪問を受けていた。小田は軍令部長伊東祐亨《すけゆき》の命を受けて、井口に陸軍側の状況認識を求めたのである。井口はこのとき、「余一個ノ考ニテハ露国ノ挙動ニ対シ断然タル決心ヲ取ルハ最モ時宜ニ適ス」と回答した。これに小田もまた、「海軍ノ側ヨリ一日遅ルレハ一日ノ不利ナルコトヲ述へ」た。

翌一〇日は日曜であるにもかかわらず、参謀本部では田村の指示を受けて井口、松川敏胤《としたね》第一部長などの幹部が集まり、意見書の作成に着手した。それは翌日に完成し、一二日には参謀総長大山巌の手を経て「上聞書」として天皇に提出され、同時に首相、陸相、海軍軍令部長にも写しが送られた。その中では以下のごとき判断が示されていた。

「満洲に於ける露国の行動漸《ようや》く活気を呈するに反し、彼が巴爾幹《バルカン》に於ける（当時マセ〔ケ〕ドニア問題を中心として「スラヴ」諸邦聯合《れんごう》して土耳古《トルコ》に開戦せんとせり）態度は旧状を変し、極力平和の維持を希望しつつあり。是れ即ち彼か全力を満洲方面に傾注し、東三省《とうさんしょう》の占領を企てんとする所以《ゆえん》にして、今後に於ける露国の行動は、その慣用手段たる脅喝を以て帝国を威喝し、その態度の硬軟を見て多少の利を占めんとするか、若《も》しくは飽く迄も兵力に訴へ勝敗を決せんとするかにあるへく、目下の戦略関係は我に有利なるも年月を累《かさ》ぬるに従ひ、彼是《また》其状勢を転するに至るへく且つ韓国にして彼の勢力下に置かるるに至らは、帝国の国防亦安全ならさるへし」

既に見てきたように、ロシアの内情はとてもここに示されたようなものではなかった。その最強硬派にしても、まだ満洲と遼東半島において獲得した権益を守るための方策を考えていたのである。しかし参謀本部は既にその先のことを考えていた。いったんロシアが満洲に軍をとどめ、さらに鴨緑江に拠点を構えるのに成功すれば、次は韓国全土に影響力を及ぼし、最終的に日本を戦争によって脅かすに違いないと読んでいたのである。

参謀本部の危機感は、海軍と外務省の幹部たちの中に共鳴者を見いだしていた。井口の日記の五月二九日の項には、烏丸《からすま》の料亭湖月《こげつ》における会合について次のように記されている。

「陸海軍弁《ならび》ニ外務ノ当局者有志湖月ニ会シ処置法ヲ研究シタル結果、今日ヲ以テ一大決心ヲ為シ、戦闘ヲ賭《と》シテ露国ノ横暴ヲ抑制スルニアラサレハ帝国ノ前途憂フヘキモノアリ、而《しか》シテ今日ノ時機失シテハ将来決シテ国運恢復《かいふく》ノ運ニ会セサルヘキ意見ニ満場一致ス」

この席には、陸軍の井口、松川のほか、海軍の富岡定恭《とみおかさだやす》軍令部第一局長、外務省の山座円《やまざえん》次郎《じろう》政務局長ら中堅以上の幹部が一六名出席していた。

こうした圧力に押されて、六月八日に大山参謀総長と田村次長は、従来の常識を破って参謀本部会議に出席し、各部長の意見を求めた。ここで最も明瞭な意見を述べたのが井口であったようである。彼は、イギリス、アメリカと連携することは重要だが、戦争となれば両国は加わらず、日本単独でロシアと戦わねばならないだろう、また、この戦争の目標は、ロシアを満洲から駆逐し、そこを開放して列国の利害関係が関わる地域にすることだと論じた。ここまでの彼の議論には隙がなかった。しかし、その後に続く具体的な戦争過程の予測では、彼の見通しは以下に示すように現実からかなり遊離していた。

「日露両国の兵力関係を案ずるに、露国の戦時東亜に使用せんとする全陸軍兵力は二十三万余なり。此中西比利亜《シベリア》、黒龍両軍管区及関東州に属するもの十六万余にして、他は莫斯科《モスコー》軍管区に属するものなり。此最後の七万余人の遼陽附近に到着するには、自今西比利亜鉄道の状況にては百二十余日を要すべし。又前記十六万余人の内には輜重《しちょう》及要塞部隊をも含有し且つ各地の守備隊をも要すべければ、真の野戦軍に属するものは尚《なお》遥かに少数なるべし。而して其一地に集中するには少からざる日子を要すること明かなり」

既に第二章で述べたとおり、世界最大の兵力を擁するロシア軍の規模は、ここで井口が提示したものをはるかに凌駕《りょうが》していた。井口の挙げた兵力は、開戦三、四ヵ月にロシアが極東に動員するそれに相当するものとしてのみ理解可能である。もし井口がこのように短期決戦においてロシア軍を評価していたとすれば、彼はこの短い期間でロシア軍を満洲から排除できると想定していたことになる。

この日の会合では、田村は黙したままであった。他方大山は、強硬な反対意見を述べて、井口たちの説を容れようとしなかった。しかしそれでも、会議は日露両国の交戦力を比較して、両国の動員能力、海軍力などから、日本側に勝算があるとする意見をまとめた。明らかに参謀本部はきわめて楽観的に事態を捉え、早期開戦を求めたのである。

こうして、六月初めの時点で、日本とロシアは異なる姿勢を保ったまま対決の方向に向かった。双方は互いに相手方の意向をつかめないままに動いていたのである。

第四章　戦争への道程

クロパトキンの訪日

一九〇三年六月一〇日に、戸水寛人《とみずひろんど》など法学七博士の建議書が桂首相に提出された。その内容は、日本は対露関係において韓国を確保し、同時にロシアに満洲を引き渡してはならないとするもので、これまで政治指導部内で議論されてきた満韓交換論よりも一段と強硬であった。彼らは、ロシアがこの要求を拒否するのであれば、開戦も辞すべきではないと論じた。

同じ日、あたかもこうした日露間の緊張を和らげるためであるかのように、陸相クロパトキンが下関に上陸した。人物も人物であり時期も時期であったので、多くの人がこの訪問は日露和解を目指すものであると考えた。たとえばウラジヴォストーク在留の一外務書記生が五月二〇日付で本省に宛てた報告によれば、同地では、クロパトキンはロシアの全権を帯びて満韓交換の取り決めを行なうために日本を訪問するのであり、ロシアとしては日露同盟を締結して、イギリスを極東から駆逐するつもりだとする風説が流れていた。

しかし、実際にはクロパトキンの訪日旅行は四月の段階で定まっていたもので、日露間の緊張を解くために組まれたものではなかった。彼は、ニコライ二世がベゾブラゾフやアレクセーエフを重用し始めたのを見て、自分の目で極東と日本を査察しておこうと考えたのである。この時期の訪問はけっしてニコライ二世が望んだことではなかった。

クロパトキンは参謀本部付属ニコラエフスク・アカデミーを首席で卒業した秀才で、その行動にそつはなかった。自分が微妙な位置にあることをよく認識していたので、彼は四月末にペテルブルグを発ちながら、ゆっくりと満洲や遼東半島、沿海州などを査察し、ニコライ二世からの最終的な指示が来るのを待った。

ツァーリからの指示は、彼が日本に到着する直前に届けられた。それはこの時期のツァーリが、日本について驚くほど過小評価していたことを示すものであった。彼は、クロパトキンに以下のごとく日本において行動するよう命じた。

第一に、日本が軍事を含めて、全部門で大きな成果を挙げたことを認めること。

第二に、ロシアに対して適切な態度をとるという条件でのみ、日本は今後、極東諸国の中に地歩を占めるであろうと認めること。

第三に、日本の対外政策は、そのイギリスとの同盟、武器を振り回すような威嚇、新聞の抑制のない言論などとともに、まったく逆効果をもたらすものだと指摘すること。

第四に、ロシアが極東方面で多大な犠牲を支払っていること、それが他国のためでもあったことに言及し、ロシアは、投下した資本の回収とはいわないまでも、利子の支払いについては確保する正当な権利を有するはずであると述べること。

第五に、四月の露清協定を示し、一九〇〇年のロシアの対清行動が正当なものであったことを指摘すること。他国が妨害をしなければ、ロシアはこの協定を守る用意があると述べること。日本を含むいくつかの国がロシアを不当に批判しているが、こうした行動は協定の遂行を阻害するだけであると述べること。

第六に、朝鮮半島の問題を討議することは差し控えること。

このような指示を受けていたために、クロパトキンの日本における行動はきわめて抑制されたものになった。彼は、桂首相に対して以下のように述べたのである。

「露国は西伯利鉄道を敷設し、極東即ち太平洋との連絡を作《な》し、第一西伯利不毛の地を開発せんとするの目的なりしに、中途東清鉄道なる名義の下に、満洲に一線の支線を敷設し、旅順、大連の設計に着手したり。此の支線の敷設には、予は甚た不同意なりしも、既に其実行を畢《おわ》りたれは、今となりては如何ともすること能《あた》はす。又た西伯利鉄道の敷設費は、実に一三億留［ルーブル］の多額に達し、目下は此の敷設費の利子に、困難を感し居るの情態なれは、日露間の問題は、如何にかして両国間の善良の解決を見たきは山々なれは、前に述ふる西伯利鉄道、竝《ならび》に東清鉄道に関する問題たけは、除外として考慮を乞ふ」

つまり、ロシア側の南部支線の建設と旅順、大連の租借については問題のある行動だったと認めるが、既に建設が終わっているので、東清鉄道の建設とあわせて了承してほしいというのである。クロパトキンとしては、朝鮮半島について討議を禁じられていたので、こうした形でしか意見を述べることができなかったのであるが、それは桂には「余り利己主義の甚たしきもの」としか聞こえなかった。

また寺内正毅《てらうちまさたけ》陸相との会談では、クロパトキンは「予は武官なり、日本より戦を開くに於ては、三百万の常備兵を以て、日本を攻撃し、東京を手裡《しゅり》に入れん。併《しか》し彼れ一箇としては、日本と開戦するは、決して望ましきことにあらず」とも述べた。

後のクロパトキンの言動を見れば、この発言は彼の本音を吐露するものであった。おそらく日本側で応対した桂も小村も、クロパトキンの意見を聴取して、ロシア側はまだ何も対日政策を確定しておらず、交渉の余地を残していると感得したことであろう。

六月二三日に、日本側は御前会議を開き、韓国における日本の優勢地位については譲らず、満洲についてはロシアに鉄道経営の利権についてのみ擁護を認めるという方針を採択した。

それは、交渉による解決を志向した点でクロパトキンのもたらしたメッセージを受けとめたものであった。しかしこの内容と、先に挙げたツァーリのクロパトキン宛ての指示とを比較すれば明らかなように、日露の立場は大きく隔たっていた。

旅順の会議

クロパトキン自身は、日本滞在中に彼の接待にあたった村田惇《あつし》少将との雑談からかなりの影響を受けていた。村田は、日本はロシアとの戦争を望んでいないとしつつ、同時に国内には戦争も辞さないとする態度があることをロシアの陸相に明瞭に伝えたのである。

こうして、クロパトキンは日本を離れるや否や日露和解を目指して動き出した。その最初の機会が旅順会議であった。ツァーリは、七月一日から一〇日までアレクセーエフ提督（関東州長官）の拠点において、クロパトキンやベゾブラゾフ、それに北京駐在公使、東京駐在公使などの実力者を一堂に集めて、ロシアの極東政策を協議させたのである。

この時点になると、ツァーリはベゾブラゾフよりもクロパトキンに信頼を置いていた。おそらく彼は、陸相が彼の指示を守って日本で行動したことを評価したのであろう。

この結果、旅順会議ではクロパトキンが主導権をとった。彼は冒頭の発言で、会議の目的は「ロシアの満洲における地位を検討することであり、ツァーリの意思に鑑《かんが》み、一九〇二年三月二六日［西暦四月八日］の協定とロシアの威厳の保持とを調和させることであり、この地域にロシアがなした出費に対応する地歩を確保することである」と述べた。つまり彼によれば、ニコライ二世は満洲撤退の約束を無視すると決めたわけではなく、この約束とロシアの満洲における利益確保を「調和させる」政策を求めているというのである。

会議の主要な議題は、満洲におけるロシアの権益と鴨緑江の事業であった。クロパトキンはここで、後者の事業が日本の対露認識に及ぼしている否定的影響を考えて中身を縮小し、ロシアとしては、満洲と遼東半島におけるその権益を守ることに集中すべきだと主張した。彼は日本訪問を通じて、こうした措置によって日露和解が可能であると考えるに至ったのである。このクロパトキンの立場は、ベゾブラゾフのそれと正面から対立するものであった。ベゾブラゾフは今もなお自分の進めている事業に確信を持っていた。また、日本は満洲も朝鮮半島も狙《ねら》っており、鴨緑江沿岸の事業だけを譲歩しても無意味だと考えていた。

結局、両者の対立はアレクセーエフをどちらが味方に引き付けるかという問題になった。これまでのアレクセーエフの言動を考えれば、強硬派のベゾブラゾフを支持するのではないかと考えられたが、実際には彼はクロパトキンの主張に賛成した。それは、アレクセーエフがもともと遼東半島を中心とした満洲における権益を重視しており、加えて、このときまでにベゾブラゾフの仕事ぶりに不信感を強めていたからである。

こうして会議の決定は次のようなものになった。第一に、朝鮮半島と満洲は同列に扱うべきではなく、前者はしばらく実行を見合わせる（鴨緑江沿岸事業は純然たる商業的活動としてのみ行なう）。第二に、満洲については、ロシアによる併合は望ましいことではないが、既にロシアが費やした費用を考慮する、またロシア軍の撤退のためには一九〇〇年のような事態が今後繰り返されないよう条件が整えられねばならない。第三に、日本を孤立させるために、満洲では清国政府が哈爾賓を除く都市を外国人に開放することを認める。

この結果は、ベゾブラゾフとアレクセーエフの立場にそのまま影響した。すなわち前者は急速に勢力を失い、逆に後者はその立場を強めたのである。会議でクロパトキンは大活躍をしたが、ベゾブラゾフを追い落とすだけでその政治力を使い切っていた。クロパトキンは、現有兵力で満洲と遼東半島の双方におけるロシアの権益を守ることは困難であると認識していたが、アレクセーエフとの協力でこの困難な課題を引き受けざるを得なくなった。クロパトキンは、この後、この点に頭を悩ませることになるのである。

日本の指導部

ところで日本側は、その情報網を通じて早くから旅順会議に注目していた。たとえば七月三日には、芝罘《チーフー》駐在の水野幸吉《こうきち》領事から小村のもとに「高橋（新治《しんじ》）によれば、六月三〇日にロシアの陸軍大臣クロパトキンが旅順に到着した。そこで彼は、韓国駐在公使及び、ペテルブルグから来た宮廷顧問官と会談した。ロシアの清国駐在公使は七月三日か四日に到着が見込まれている」(原文英文) と報告が届いていた。

同じ高橋書記生が、水野領事経由で会議の内容を伝えたのは一八日のことである。この電報は、クロパトキン陸相の旅順滞在中に五回の会議が開かれ、「宮廷を代表すると見られる」ベゾブラゾフが強く戦争を支持して若干の文官たちの支持を集めたが、「クロパトキン陸相とアレクセーエフ提督は時期尚早で、しばらく見守るべきだという意見で一致しており、こちらに武官の多くが賛成した。何度か熱を帯びた討論が続いたが、それは反戦派が多数を獲得して終了した」と伝えていた。

ほぼ同じ内容の電報が二日後に芝罘駐在の水野領事からも届けられ、日本の指導部はこうした情報から、全体としてロシアは戦争回避の方向に向かっていると結論づけたものと思われる。実際には、先に述べたごとく、会議における真の勝利者はアレクセーエフであり、その立場はけっして単純な非戦論ではなかった。しかし、おそらく対露交渉案を作成していた小村を支配していたのは、ロシアは平和を志向しているという認識であった。

この時期、山県有朋も伊藤博文も小村に対して何の働きかけもしなかったようである。実は七月半ばに日本の中では大きな政治的事件が起きていた。すなわち、伊藤が枢密院議長となり、ほぼ同時に政友会総裁の地位を西園寺公望《さいおんじきんもち》に譲ったのである。これは、桂首相と小村外相のラインで国論を統一し、対露交渉を行なうためであった。

危機的状況での政治指導の結束を望んだ明治天皇も、六日に伊藤に対して枢密院議長となることを望んでいる旨を伝えたのである。伊藤はしばらく躊躇したが、最終的に受け容れた。彼はこのときまで対露開戦論にきわめて慎重な立場を持してきたのであるが、日露両国政府が戦争の可能性をかけて交渉を開く段階が来たからには、これ以上自説に固執するのは好ましくないと判断したのではあるまいか。

他方山県は、一貫して桂と小村による対露交渉を支える役割を果たしていた。『公爵山県有朋伝』は、対露交渉のはじめから、桂首相は戦争になるかもしれないと覚悟しており、山県もまたこれと同じ意見であったと記述している。この記述に従えば、山県は対露交渉案の作成で桂と小村の二人と協議していたとも受けとめられるが、この事実を支える論拠はどこにも示されていない。研究者の中で山県の開戦論への移行を最も早く解釈する者でさえも、それが確認されるのは八月半ば以降のことだとしているのである。山県は極度に慎重に行動しており、いつ彼が開戦を覚悟したのか特定するのは困難であるが、たしかにこの時点から、桂の開戦論を止める行動は取っていないようである。

こうして、伊藤が意見を述べるのを差し控えるようになり、また山県が水面下で活動している状況では、他の元老たちも対露交渉について意見を表明しようとはしなかった。海軍を支配する山本権兵衛《ごんべえ》（海相）は、六月の時点で「韓国の如きは失ふも可なり、帝国は固有の領土を防衛すれば足る」という意見を示していたが、その後は何もこの件では意見を述べようとしなかった。また大山巌（参謀総長）は、朝鮮半島を失うことのないように注意を喚起したが、それ以上には進まなかった。彼らは戦争と平和の最終的決定は、彼らのような軍人の仕事ではないと心得ていたのである。

以上のような状況では、桂と小村、とりわけ後者の意見が対露政策を大きく規定したものと思われる。彼らの決断が示されるのは八月になってからである。

交渉の開始

七月二八日、小村はモスクワ駐在の栗野公使に、ラムズドルフ外相に対して「極東ニ於ケル両国各自ノ特殊利益ヲ確定スルヲ期シテ」交渉を行ないたい旨の口上書を提出するよう命じた。さらに、交渉を行なうことについてロシア側の同意を得ると、八月三日に彼は、目指すべき協定の基礎案として以下のような内容の文書を栗野に送付した。

第一に、清国と韓国の独立と領土保全を尊重し、各国の商工業の機会均等を保持する。

第二に、ロシアは「韓国ニ於ケル日本ノ優勢ナル利益ヲ承認シ、日本ハ満洲ニ於ケル露国ノ鉄道経営ニ就キ露国ノ特殊ナル利益ヲ承認」する。

第三に、第一条の内容に反しない限り、ロシアは日本の韓国における、また日本はロシアの満洲における商業および工業の活動を妨害しない。また、今後韓国鉄道を延長して、東清鉄道および山海関《さんかいかん》—牛荘《ぎゅうそう》線に接続するのを、ロシアは妨害しないと約束する。

第四に、双方は、事情によって満洲および韓国に軍隊を派遣するときには、その規模は必要数に限り、その任務が終わり次第撤退させる。

第五に、ロシアは、韓国において日本が、軍事上の援助も含めて、助言を与える権限を有することを認める。

第六に、以上の協定は、韓国については従来の協定に代わるものとする。

この内容は、小村が非常に強気の姿勢で協定案を作成したことを示している。第二条は、既に六月二三日の御前会議で決まったことを内容としていたが、第三条と第五条は、ロシアの権限を明瞭に制限し、日本に韓国におけるほぼ独占的な権限を与えるものであった。言い換えれば、これらの条項は、ロシアに、同国がこれまで韓国に有していた権限を放棄させることを目指していた。通常で考えれば、ロシア側がこれをそのまま受け容れるはずはなかった。小村は、交渉の第一歩であるから、これでかまわないと考えたのであろう。

しかし、小村の計画は最初から出鼻をくじかれた。ラムズドルフは、多忙を理由に栗野と会うことを拒否し、ようやく一二日に日本側の基礎案を受領した。実は、ロシア国内では、同日、重要な組織上の決定が発表された。外相はこれによって起こる変化に気づいていて、日本との関係に入るのを避けていたものと思われる。

一二日にツァーリが出した布告は、極東政策をめぐる部下たちの意見を統一するために、極東太守府を新設し、その長にアレクセーエフ提督を任命するものであった。これによってアレクセーエフは、プリアムール州と関東州の行政権限ばかりか、太平洋艦隊とこの地域に配備された全軍を指揮し、極東地域でロシアと隣接する国家との外交関係を左右する権限を獲得したのである。この人事の日露関係と露清関係に与えた影響は甚大であった。

まず露清関係についていえば、アレクセーエフの昇進は、ロシア軍の満洲からの撤退の可能性がなくなったことを意味した。彼の立場は「三年間の占領は、わが方に有利な形で一定の権利を生じないはずはなく、それを放棄することはできない」というものであった。このような強硬姿勢のために、ロシアと清国の交渉はまったく進まなくなった。

アレクセーエフの昇進が日露関係に与えた影響も否定的なものであった。何よりも、アレクセーエフが対日関係の最高責任者となり、交渉は彼の指揮下に入ったローゼン公使と東京で行なわねばならなくなった。これは日本政府がロシアの出先機関との間で外交交渉を行なうことを意味し、日本側に不快な印象を与えた。小村は繰り返し栗野に対して、交渉を、アレクセーエフを仲介した東京の公使との間で行なうのは望ましくないので、ペテルブルグで行ないたいと申し出るように命じた。おそらく小村は、この変更を、国家の威信に関わる問題だと考えただけではなく、ロシア側がこれによって戦争準備のための時間稼ぎをするのを恐れたのである。

栗野はウィッテのもとに出かけて、極東太守府との交渉は不当であることを主張した。ウィッテは八月の末に一一年間務めた蔵相の地位から解任され政治的影響力を失っていたが、栗野の言い分に道理があると認めた。しかしラムズドルフ外相は、ツァーリは国外に出発して当分戻らず、自分もこれに従うので、交渉を行なうとすればアレクセーエフと行なう以外にないと告げた。日本側は仕方なく、これを受け容れたのである。

こうした状況で始まった交渉が円滑に進むはずはなかった。日本側が八月一二日に手交した提案の回答を得たのは、一〇月になってからであった。日本の指導部は、ロシア側に対する猜疑心を募らせつつ回答を待っていた。

ロシアの回答と日本の対案

一〇月三日にローゼン公使から小村に手交された回答は、日本側の基礎案と大きく内容を異にしていた。まず第二条では、「露国ハ韓国ニ於ケル日本ノ優越ナル利益ヲ承認」するとし、新たに第七条を立てて、「満洲及其ノ沿岸ハ全然日本ノ利益範囲外ナルコトヲ日本ニ於テ承認スルコト」と記していた。これによってロシア側は、満洲におけるロシアの権益はロシアと清国の間の問題であることを、日本側に認めさせようとしたのである。これは、明らかにアレクセーエフの意見をそのまま反映したものであった。彼は九月二八日のツァーリ宛ての手紙で、「日本との来たるべき交渉では、日本政府にこの上なく明瞭に、ロシアは満洲における自己の権利と利益を、必要とあれば武器を使ってでも守るつもりであるとわからせるように、［ローゼン］公使に行動させることによってのみ、その成功を期待することができる」と書いていた。

ロシア側はさらに、第五条として、韓国の領土は一部たりとも軍略上の目的で利用しないこと、また朝鮮海峡の「自由航行ヲ迫害シ得ヘキ兵要工事ヲ韓国沿岸ニ設ケサルヘキコト」をお互いに約束するという文章を挿入するよう求めた。明らかに日本の韓国における権限を限定し、また、ウラジヴォストークと旅順の間の航行を確保しようとしたのである。

また第六条として、韓国領土の中で「北緯三十九度以北ニ在ル部分ハ中立地帯ト看做《みな》シ両締約国孰《いず》レモ之ニ軍隊ヲ引キ入レサルヘキコト」という条項を含めるよう提案した。北緯三九度の線（ほぼ現在の平壌と元山を結ぶ線）で中立地帯を築けば、ロシア側は韓国国境の鴨緑江と豆満江を確保し、日本軍が朝鮮半島を経由して満洲と遼東半島に向かうのを阻止することとが容易になることは確かであった。またこれによって、ロシア軍が満洲から朝鮮半島に入ることも容易になり、日本の韓国における地位を脅かすことができると考えたのである。

日本側ではこの回答を受け取り、交渉の先行きが厳しいことを理解した。最初に小村が示した強気の提案は、負けずに強引なロシアの回答を引き出したのである。しかし日本の指導部としては、ロシアの満洲における地位の強化を黙認しないためにも交渉を継続する必要があると考えた。こうして、桂と小村は、伊藤、山県の両元老と連携しつつ、交渉継続のための対案を練った。その際、時間はロシアに有利であると考えられたので、日本の対案は二週間で用意され、ローゼンとの数回の協議の後に一〇月末に正式に手交された。

その対案は、第六条については、中立地帯を韓国と満洲の境界の両側各五〇キロメートルと変更するよう求め、ロシア側第七条を全面的に削除し、ロシア側が清国の主権が満洲に及ぶことを認め、「清国ト ノ条約ニ因リ日本ニ属スル商業上及《および》居住上ノ権利及免除ヲ妨害セサルヘキコト」を約束するよう求めるものであった。ここからわかるように、日本側の要求は、この時点でかなり後退していた。もはやロシアの満洲における権益を、鉄道経営にのみ限定するという考えは放棄されていた。また韓国沿岸に兵要工事をなさないというロシア案についても、何の反論もしていなかった。日本はここで、満洲におけるロシアの優位を事実上認める代わりに、韓国と満洲の境界近くまで日本の影響力を及ぼすことを目指しており、結果として満韓交換論によって交渉を妥結しようとしたのである。

この頃までに日本の内外では、日露戦争が迫っているという風説が相当に出回っていた。しかし政治指導部はまだ交渉の妥結に期待を寄せていた。このため、早期開戦の急先鋒《せんぽう》であった参謀本部はその行動を抑制されていた。たしかに一〇月一日に急死した田村次長の後任に早期開戦論の児玉源太郎《こだまげんたろう》が任命されたのは、戦争の準備を考えてのことであったが、それでも政治指導部はその児玉に日本側対案の内容を伝えた際に、「日露ノ交渉ハ平和ニ傾キツツアルモノノ如ク」思わせていた。一〇月三〇日に各部長はこのような事情説明を受け、「アア大事は去った。満洲およびシベリア鉄道完成し、満洲の兵器充実完備した暁にはどうなるのか」と嘆息した。彼らは、政策の決定から完全に切り離されていたのである。

この状況で、参謀本部はその権限の範囲内で開戦に備えることにした。その中で最も重要であったのは、朝鮮半島への上陸作戦であった。一〇月二〇日と翌日の会議では、馬山、鎮《ちん》南浦《なんぽ》、そして仁川に上陸する案を検討し、二七日には馬山と元山上陸の作戦計画書が寺内陸相に手交された。先に引用した井口総務部長の日記の一一月八日の項には、次のように、これに関連する記述を見いだすことができる。

「京釜《けいふ》鉄道ヲ速成スルハ啻《ただ》ニ出兵ノ際経済上利益アルノミナラス、之カ為メニ少クモ我ニ二、三師団ヲ増加シタルト同シ効力アルト露韓ニ対スル外交政略上ノ強後援トシテ且今ノ急務ナルニ依リ、（中略）速成セシメラルル様尽力アリ度旨ヲ児玉次長ニ内談具申ス」

ここからわかるように、参謀本部では児玉の指導のもとに、既に朝鮮半島に軍を上陸させた後のことを綿密に検討し始めていた。上陸後の行動は道路と鉄道にかかっていた。

また海軍にしても、この時期、その権限内で開戦に備えていた。山本海軍大臣は、一〇月一九日に、当時舞鶴《まいづる》鎮守府司令長官であった東郷平八郎《とうごうへいはちろう》中将を、戦時には連合艦隊司令長官となる常備艦隊司令長官の職に抜擢《ばってき》したのである。東郷は既に一度常備艦隊司令長官を務めており、これは明らかに来たるべき戦争に備えた人事であった。

こうして、軍部は着々と開戦に備えていたが、まだ日本の政治指導部は戦争回避の可能性を追求していた。彼らの頼みは日本側対案に対するロシアの反応であった。

視点の違い

日本側の対案に対するロシア側の評価は非常に冷たいものであった。一一月二日、ロシアの外務大臣代理は栗野に対して、「日本ノ要求ハ前後同一ニシテ唯其ノ形体ヲ異ニスルノミ且其ノ求ムル所過多ナリ」と告げた。たしかに日本の対案は、日本が韓国に派兵する場合の員数と召還についての規定を削っており、これによって最初の提案に比べるとこの点では日本の権限を拡大していた。これは日本側としては、満洲におけるロシアの優先的な権限を認めたのであるから、韓国における日本の権限についてロシア側がその拡大を認めて然るべきだと考えたからであった。しかし、もともと満洲について日本と協議する必要はないと考えるロシア側からすると、日本は満洲について身勝手な要求を繰り返しているばかりか、韓国についての自国の権限を拡大しようとしていると映ったのである。

こうして既に一一月の半ばには交渉の前途は暗いように見えたが、日本側としてはロシア側の再回答を待つ以外になかった。だが、ニコライ二世はなかなかその判断を示さなかった。ロシアの第二次対案が日本側に提示されたのは日本案が提出されてから四〇日余り経った一二月一一日のことであった。しかもその内容は、満洲についての規定を一切排除しており、これについては日本と協議するつもりはないとする強い姿勢を示していた。

さらに韓国に関する規定でも、ロシア側の対案は厳しかった。第一に、第五条では、「韓国領土ノ一部タリトモ軍略上ノ目的ニ使用セサルコト」を約すという規定を再度呑むように迫った。第二に、日本側が期待した韓国と満洲の境界の両側各五〇キロメートルに設置する中立地帯についても、ロシア側の回答は前と同じく北緯三九度以北の韓国領に設置すると規定していた。

桂と小村はこの対案を得て、もはやロシアは妥協する気がなく、交渉の継続は、ロシアに極東の軍備を強化する時間を与えるだけだと受けとめたようである。しかしまだ元老は同意していなかった。そこで彼らは、ともかくも開戦の準備を進めることにした。こうして、ロシアの対案を得た次の日には、児玉源太郎は大山参謀総長邸に呼ばれ、寺内陸相から、ロシアの再回答は日本の希望をまったく容れないものであったと説明を受けた。この内容はすぐに参謀本部の部長たちに伝えられた。

他方ロシア側では、この時期に指導部に分裂が生じていた。一方ではアレクセーエフのように日本との戦争を非常に楽観的に見る者がいた。たとえば極東太守府の上層部は、九月末から一〇月の半ばにかけて開戦後の戦争過程を考えた際に、日本軍の上陸作戦はこの地域に存在するロシア艦隊の存在によって妨害され、たとえ朝鮮半島になされるにしても、その南部であり、せいぜいのところ元山と鎮南浦の線までしか北に寄らないと分析していた。日本軍はここから半島を陸路によって北上することになるので、ロシア側は十分動員の時間を持ち、朝鮮半島の付け根で日本軍を迎え撃つことが可能だと考えていた。これはつまり、日本側が戦争をしかける可能性は乏しいとする結論を導く想定であった。この時点でロシア側は、日本が制海権を奪う事態をまったく想定していなかったのである。

クロパトキンはこれとは異なる意見を持っていた。彼は一九〇二年まではアレクセーエフたちと同じように日本軍を過小評価していたが、一九〇三年には考えを改めていた。彼は七月の時点で、ロシアは、開戦後しばらくは防衛戦に徹する以外になく、「わが方は、軍を奉天―遼陽―海城《かいじょう》の線まで進めるけれども、日本の全軍がそこまで進入して来れば、戦争の第一期には南満洲を守ることができない。わが方は、二年前に考えたように、旅順がかなり長い期間にわたって切断されることにも準備しておかねばならない」と書いていた。彼は、日本軍は強力で、攻撃に踏み切る可能性があると考えていたのである。

クロパトキンはこの姿勢をその後も維持し、一〇月末になると、ロシアは清国や日本との紛争を回避するために、南満洲の占領地域を放棄し、北満洲にのみ軍を集中すべきだとする建議書を提出した。この考えは翌年一月初頭になるとさらに徹底し、関東州と旅順を清国に還付し、さらに経済的に割の合わない東清鉄道の南部支線を売却して、その代わりに北満洲におけるロシアの権益を確実にすべきだと主張した。こうした全面撤退論は、当時のロシア指導部にあっては支持者を見いだすことができなかった。

ところでロシアの研究書の中には、当時のロシアの軍指導部はクロパトキンも含めて、来たるべき戦争を、ヨーロッパ諸国が当時世界各地で繰り広げていた植民地戦争の一つとしてイメージしていたと指摘するものがある。

植民地戦争の一つの特色は、欧米列強の側が軍事力と経済力で圧倒的優位に立ち、相手方の戦闘能力を軽視して戦争に入ることである。一九〇〇年の時点で日本にいたロシア武官は、その報告の中で、日本軍は形式的にはヨーロッパの軍隊に似通っているが、内実はまったく異なり、ヨーロッパの最も弱い国の軍隊と対等に戦うことができるまでには数十年、もしかしたら一〇〇年の単位がかかると記述していた。この評価はロシア武官たちが作成した報告の中では際立って辛口のものであったが、それでも極東太守府の指導部の中では支持されていたようである。彼らの戦争に備える用意の不徹底さと非常に強気な交渉態度は、日本の軍事力に対する軽視という要因を考えないと説明がつかないからである。クロパトキンはこの点では同列に論じられるべき人物ではなかった。

セキュリティ・ジレンマ

一二月一六日、日本では元老会議が開かれ、ロシアの第二次対案が討議された。その決定は、もう一度、満韓交換論に基づく妥協の可能性を探るというものであった。

二一日、日本政府は陸海軍に対して、いつでも出兵に差し支えないよう準備せよと指示した。そして同時に、小村はロシア公使に、ロシア側が一〇日前に示した協定案には日本側が「必要不可欠ト為ス所ノ地域」を含んでいないので、この点についてロシア側に再考を促したいと前置きし、これとは別に三点の修正を提起した。三点の中では、ロシア側第二次対案にある「韓国領土ノ一部タリトモ軍略上ノ目的ニ使用セサルコト」を約すという規定を除去し、韓国内に中立地帯の設置をうたう第六条の全文削除を求めるという修正が最も重大なものであった。桂が二一日に山県に宛てた手紙の中には、満洲問題は「外交の手段」であって、「此問題に而者《ては》最後の手段に迄は進行せざる」と述べ、しかし朝鮮問題については、「我修正の希望を充分陳述し、彼聞かざるときは、最後の手段」をとると述べていた。この日本側の第三次案は、二三日に栗野公使を通じてラムズドルフにも伝えられた。

ロシア側は日本案を討議するため、二九日に御前会議を開いた。ここでクロパトキンは北満洲の併合についてのかねての議論を説き、ラムズドルフは日本の希望を容れて満洲を協定の中に含めるように主張した。彼らと対立する意見を有するアレクセーエフ提督は、理由が不明であるが、この会議を欠席した。アレクセーエフの意見を代弁したのは、八月の極東太守府の設置とともに発足していた極東特別委員会において事務局長を務めるアバザ海軍少将であった。アバザはベゾブラゾフに近い位置を占めていた人物であるが、ここではアレクセーエフの意見に同調していた。彼は、ロシアは以下の二つの理由から日本の第三次案を受け容れられないので、この交渉を中断すべきだと主張したのである。

第一に、韓国の地位は日本とロシアで決められることではないので、ロシアは日本の韓国に対する保護権を承認することはできない。

第二に、ロシアは満洲においてこれまで多大な人的、また物的犠牲を払ってきており、この問題で他国を介入させることはできない。

外交関係断絶当時の外務省正門

アバザにいわせれば、もし戦争になれば日本という国家の存亡が関わるので、日本はそれを望んでおらず、結局、交渉を中断すれば、日本はロシアに宣戦布告をするか、あるいはロシアの承認なく韓国を占領するかという二者択一を迫られるようになるだろう。後者の行動は、欧州諸国もこれを正当な行為と認めないだろう。このように主張した後で彼は、ごく僅かながら存在する日本との戦争に入る危険性を回避するために、ロシアは即時にしかるべき数の軍を東方に送るべきであると付け加えた。

結局、この会議ではアバザの意見は採用されず、交渉を継続して日本側に新たな提案をなすことが決まった。その提案は、ロシア暦ではまだ年末であったが、西暦では新年の一月六日に小村に手交された。それは、以下のような案文を含んでいた。

「満洲及其ノ沿岸ハ日本ノ利益範囲外ナルコトヲ日本ニ於テ承認スルコト。同時ニ露国ハ満洲ノ区域内ニ於テ、日本又ハ他国カ其ノ清国トノ現行条約ノ下ニ獲得シタル権利及特権（但シ居留地設定ヲ除ク）ヲ享有スルコトヲ阻礙《そがい》セサルヘキコト」

つまり、ロシア側はここで「満洲」を加えるべきだという日本の要求に応じて、同地において外国が持つ権益を尊重すると譲歩の姿勢を示したのである。これは「清国の領土保全」という言葉を省いた点でも、また日本以外の国について言及した点でも、工夫のある回答であった。日本以外の国が、これで満足すると言い出すだろうと日本に圧力をかけたのである。しかもロシア側は、こうした譲歩は、あくまで、中立地帯についてのロシア側第二次対案の条項と、「韓国領土ノ一部タリトモ軍略上ノ目的ニ使用セサルコト」を約すという規定を復活させることを条件としているとして、日本側に譲歩を求めたのである。

翌日、日本では内閣会議が陸軍参謀総長と海軍軍令部長、それに各次長を加えて開かれた。そこでの会議は、もはや戦争に訴える以外にないという確認を目指すものであった。しかし当時まだ海軍は、運送船の準備が佐世保に集中するのは二〇日になるので、それまでに戦端を開くのは不都合であると主張していた。そこで桂は、一一日に、山本海相、寺内陸相、小村外相を集めて第四次案を作成した。それは、もう一度、右に説明した韓国についての二つの規定（韓国領土の軍略上の利用禁止と中立地帯の設定）を削除し、また、「満洲ノ領土保全ヲ尊重スル」という文言を協定に書き込むよう求めるものであった。

桂たちは、この案をロシア側は受け容れないと予想していた。あくまで要求を通告して、そのまま交渉を中断し、戦争に入るという計算を立てていたのである。こうして最後の案が一三日に小村からロシア側に伝えられた。同時に、小村は速やかな回答を求めた。

ロシア側は日本案を受けて協議に入ったが、その回答はなかなかまとまらなかった。二六日に栗野は、同日面会したラムズドルフによれば、ロシア側は二八日に討議の会議を開き、その決議をツァーリに上奏して裁可を仰ぐ予定だと報告した。ところが二八日になると、ロシア外相は、今度は関係大臣がそれぞれニコライ二世に意見を述べ、その後にツァーリが決定するので、回答はさらに遅れると見通しを述べた。

この状況を受けて、日本側はかねて予定していたとおり、交渉を中止し、外交関係の断絶に踏み切ることにした。二月五日に、小村は栗野に対して、外交関係の断絶を通告するよう命じた。日本はこれをもって「最良ト思惟《しい》スル独立ノ行動ヲ取ルコトノ権利ヲ保留ス」と告げたのである。この公文は六日午後にロシア外務大臣に送付された。

なお日本の外交文書に従えば、この訓令を小村が栗野に発送した三時間後に、前日の四日に栗野とラムズドルフの間でもたれた会談内容を伝える報告が小村のもとに届けられた。そこで栗野は、ロシア外相が私見として、ロシア側は戦略目的で韓国領土が利用されないこと、また「両国ノ直接勢力及行動ノ範囲ノ間ニ緩衝地帯ヲ設定スル」ことを望んでいると述べた旨を伝えていた。

この「私見」から見れば、日露両国の韓国をめぐる利害の対立は、最後まで克服されなかったのである。小村としては、このような内容のロシア側回答を読んだとしても、やはり外交関係の断絶に進んだであろう。

国際政治学には「セキュリティ・ジレンマ」という専門用語がある。国際社会は常に戦争の危機を孕《はら》んでいるので、対立する二国の間では、一方が自国の安全を増大させようとすると、他方は不安を増大させ、悪循環を生みやすい状況が生じる。この状況を説明する用語である。日本とロシアは、ロシアが満洲に入ったために、一方が朝鮮半島で安全を確保すると、他方が不安を増大させるセキュリティ・ジレンマを強く意識するようになり、地力で劣る日本側は戦争以外に有効な解決策を見いだせなかったのである。

第五章　開　戦

奇　襲

一九〇四年二月六日、ペテルブルグ時間の午後四時、日露外交関係の断絶が告げられた。旅順にあったアレクセーエフ極東太守もこの事実を知らされた。しかし彼はごく内輪の者にしかこのことを知らせなかった。彼は、二月九日に要塞司令官などの幹部を集めた特別協議会を開く予定であったので、おそらくこのときに外交関係の断絶を伝えようとしていたのである。もとよりアレクセーエフは、日本人が続々満洲各地から引き揚げていることを知らされていた。だが、旅順の艦隊がいきなり攻撃されるとまでは予想していなかったのである。

日本側は、外交関係の断絶を伝えたときには既に軍事作戦に着手していた。作戦の方向は二つに分かれていた。第一は基本的に陸軍によるもので、戦略的要点である京城の確保を目指すものであった。この作戦では、二月六日に先遣徴発隊が佐世保で輸送船に乗り込み、八日から翌日未明にかけて仁川に上陸した。無事上陸した同隊はそのまま京城に入り、同地の人々に日本の優位を印象づけた。この過程で、八日午後に仁川港口で、日本の瓜生外吉《うりゅうそときち》の率いる第二艦隊が港から出てきたロシア艦と出くわし、ロシア艦がいったん港の中に退避するという事態が生じた。しかし結局、翌日午後、港内での戦闘を避けるために港から出てきたロシアの砲艦「コレーエッツ」と「ワリャーク」は日本艦隊に攻撃され、被弾の後、自沈した。

この結果、参謀本部は、先遣徴発隊に続いて韓国に上陸する第一二師団の上陸地を、一〇日に半島南岸の馬山から中央部の仁川に変更した。こうして、日本側は二月半ばから一〇日間かけて、同師団を仁川に無事上陸させ、京城以南の占領を確実にした。

第二の作戦は、制海権の確保を目指すものであった。この作戦は何よりも、ロシア太平洋艦隊の撃破にかかっていた。二月八日に、連合艦隊は密かにロシアの主力艦が集まる旅順港に接近し、旅順港外に停泊中のロシア太平洋艦隊を攻撃した。これによって、旅順にあった同艦隊が所有する七隻の戦艦のうち「レトヴィザン」と「ツェザレヴィッチ」の二隻と、四隻の巡洋艦のうち「パルラーダ」一隻が大破した。しかし、これらの艦船は港に引き戻された。日本艦隊はさしたる成果を挙げることができなかったのである。そこで翌九日にもう一度旅順港に近づき、港内の艦船めがけて砲撃を行なった。だがこのときは反撃され、何の成果を挙げることもできなかった。それでも日本艦隊の攻撃の印象は強く、以降ロシア艦隊はマカロフ司令官が到着する春まで港内に閉じこもってしまった。

こうして、日本側はロシアに宣戦を布告する二月一〇日までに、ともかくも制海権の確保と韓国南部の占有という初期の目標を達成した。日本指導部の理解では、六日の外交関係断絶の通知において「独立ノ行動ヲ取ルコトノ権利」を宣言していたので、以上のような軍事行動を開始することには何の問題もなかった。これに対してロシア側指導部は、外交関係断絶の通知と宣戦布告は別のことで、日本の行為は不意打ちだと主張した。宣戦布告以前の攻撃は当時の国際法ではまだ違法とされていたわけではなかったが、道義的にはロシア側の主張は筋が通っていた。しかし、ロシア側が交渉を引き延ばして、その間に極東方面の軍備を増強していたことと、外交関係断絶の通知を受理してから攻撃の開始まで一日以上あったことを考えると、その主張に問題がなかったわけではなかった。

ともあれ、日本の軍指導部は最初の先制攻撃については周到な準備をしていたが、はじめから戦争全体の計画を立てていたわけではなかった。彼らは、当面の小さい作戦目標を達成すると、次に新しい作戦目標を立て、その実現を目指すやり方で進んだ。

この点は、最初の朝鮮半島上陸作戦から既に顕著であった。日本軍は、最初は馬山に上陸して京城の支配を目指しており、その作戦計画は朝鮮半島南部に限定されていた。しかし海軍の攻撃が予想外に順調に進行すると、平壌の奪取が新しい目標として付け加えられた。後者の作戦が決定されたのは二月一六日のことであった。このため、当時仁川に向かう輸送船上にあった第一二師団は、同地に到着して初めて自軍の目標地が京城ではなく平壌であることを知らされたのである。

さらに、半島上陸作戦が支障なく進行する状況を見て、大本営は二月二九日に、第一軍（黒木為楨《くろきためもと》司令官）を鎮南浦に上陸させ、朝鮮半島北部から南満洲に向かわせ、別に第二軍（奥保鞏《おくやすかた》司令官）を遼東半島に上陸させることを決定した。前者の上陸地はその四日前に仁川から変更されたものであった。また後者のそれは、二七日に、ロシア軍は「旅順、大連ノ兵備薄弱ナルト欧露ヨリスル軍事輸送未タ進捗ノ域ニ達セサルノ兆候アル」と判断した結果、大本営陸軍部の中に急に浮上したものであった。このときには、四名の中堅参謀が主力を大連湾に上陸させるべきだとする意見を具申したのである。

結局、海軍の旅順閉塞作戦が失敗を繰り返したために、第二軍の遼東半島への上陸地点は大孤山《たいこさん》、大連、小平島《しょうへいとう》、大小窰口《だいしょうようこう》、塩大澳《えんだいおう》と五回も変更され、四月末まで確定しなかった。しかし、二月末からの作戦計画の変更の過程で、ようやく日本軍は遼陽以北においてロシア軍と戦うという漠然とした企図を作戦目標として具体化したのである。

第二回旅順港閉塞作戦から帰還した「福井丸」乗組員．手前右の水兵が持つ小箱には戦死した広瀬中佐の肉片が納められている．

以上のように、日本軍の当面の目標は朝鮮半島と制海権の確保に固定されており、しかも陸軍と海軍は基本的に独立して行動していた。機敏で要領を得た先制攻撃を見ると、日本軍は陸海軍の緊密な統合のもとに、旅順攻撃から南満洲への進出まで計画どおりに行動したと考えがちであるが、それは事実ではなかった。

ロシア軍の混乱

日本軍の行動を実際以上に引き立てたのは、ロシア側に生じた混乱であった。そこにはいくつもの理由があった。第一にロシア側は、日本軍の朝鮮半島への上陸を阻止する役回りを旅順にある太平洋艦隊に委ねていた。このために、日本軍の先制攻撃で太平洋艦隊の機能が麻痺《まひ》すると、上陸を阻止する術《すべ》を失ってしまった。ロシア側は、三月になっても、日本軍の目標がどこにあるのかつかめなかった。ある者は、日本軍は遼東半島に上陸して海軍基地のある旅順を狙っていると考え、別の者は、遼東半島の西側にある営口から熊岳城《ゆうがくじょう》にかけての沿岸に上陸して、満洲と旅順間の交通を遮断することを目標としていると想定した。さらにまた別の者は、朝鮮半島北部から最も脆弱なウラジヴォストークに向かうつもりではないかと危惧した。結局、彼らは何の対応策もとれなかったのである。

第二に、先に述べたように、ロシア側は鉄道の輸送能力が不足していたため、軍隊を集中できなかった。三月末になっても、満洲、つまり遼東半島と沿海州を除く地域にいた部隊は五五大隊以下であった。一大隊は戦時編成でおよそ一〇〇〇人であるから、五万五〇〇〇人以下の兵力だったのである。この兵力で、奉天から南は営口と遼東半島の付け根まで、また東は鴨緑江まで広がる地域で、日本軍の満洲進入を阻止することは不可能であった（遼東半島と沿海州には、それぞれ万単位の部隊が配置されていたが、動けなかった）。

第三に、二月二〇日にクロパトキンが満洲軍司令官に任命されると、最高総司令官となったアレクセーエフとの間に意見の不一致が起こった。クロパトキンの戦略は当時のヨーロッパの軍事理論に則《のっと》っており、大軍を一ヵ所に集中させ、その後に日本軍を一挙に粉砕するというものであった。この用兵理論では、部隊を小出しに前線に送ることを強く戒めていた。したがって、クロパトキンは、軍の集結する満洲北部に近い東清鉄道南部支線を守ることを第一に考え、鴨緑江沿岸での防衛は見せかけにすぎないと考えていた。

これに対してアレクセーエフは、基本的に軍の集中を重視せず、ロシアのヨーロッパ部から到着した部隊を必要な地域に配備すべきだと考えた。ここで意図されていたのは、満洲北方の軍と、遼東半島および鴨緑江沿岸に配備された部隊とを結びつけるための地域、つまり海城から営口に広がる地域である。もちろんアレクセーエフも、開戦時の兵力では鴨緑江沿岸を防衛できないことは理解していた。しかし、三月が過ぎ四月になっても、鴨緑江岸に配備された軍の役割を、あくまで日本軍の牽制《けんせい》にとどめようとするクロパトキンの考えには同意できなかった。こうして彼は、四月末になると、ニコライ二世に直接苦情を申し立てた。満洲軍、つまりクロパトキンの支配下にある軍が一〇万人以上になっても、なお鴨緑江沿岸に兵を送らないのは、彼には理解できないというのである。

こうしてロシア軍が混乱している間に、日本側は陸軍と海軍の意見の違いを克服していった。陸軍側はすぐにも遼東半島に軍を送りたいと考えていたが、海軍側は旅順の封鎖が失敗を重ねていたために、第二軍を上陸させる期日について確答しようとしなかったのである。ようやく四月一四日になって、旅順の閉塞作戦が成功しなくても、第二軍の上陸を五月一日に行なうという決定がなされた。陸軍側の推測では、バルト海からロシア艦隊が六月頃出発して太平洋に向かうという情報を受けて、海軍側が急ぎ旅順を陥落させる必要があると思い直した結果、このような決定がなされたのである。これによって、ともかくも鴨緑江沿岸と遼東半島の双方で攻撃するという計画が実現に向かった。ちなみに、ロシアのこの艦隊はバルト海に本拠を置くのでバルト艦隊と呼ぶのが正しいが、日本では英語の形容詞を固有名詞として扱い、バルチック艦隊と呼んできた。本書ではバルト艦隊と呼ぶことにする。

アレクセーエフの批判にもかかわらず、四月末になってもロシア軍の用兵に変化は見られず、ウラジヴォストークに三万人、遼陽周辺に三万人、営口から蓋平《がいへい》に二万三〇〇〇人、旅順に三万人、鴨緑江に二万人という配置であった。

これに対して日本軍は、朝鮮半島には第一軍の三個師団があった。このうち四月三〇日からの鴨緑江渡河作戦に参加したのは四万二五〇〇人であった。つまりこの方面においては、ロシア軍の二倍以上の規模の軍をもって進撃を始めたのである。地形を利用して迎撃しようとしたロシア軍は、鴨緑江沿岸に長く広がっており、すぐに防衛線を突破された。

また五日から遼東半島の塩大澳に上陸を開始した第二軍は、四個師団と砲兵旅団などからなっていた。この軍は一三日までに上陸した一回目の輸送人員だけで四万八八〇〇人を数えた。日本海軍による営口方面での牽制もあって、この上陸作戦は何の障害もなくなし遂げられた。この後、日本軍は、第一軍と第二軍の中間点に位置する大孤山に独立第一〇師団を上陸させ、さらにその後に、第二軍の残りの部隊を塩大澳に上陸させた。

こうして、五月初めには、鴨緑江から九連城《きゅうれんじょう》に至る地域でロシアの東部方面軍は数に勝る日本の第一軍に圧倒された。さらに二六日には、旅順から五〇キロメートルほど北にある金州の南山に陣取ったロシア軍が、日本の第二軍の猛攻の前にこの要衝を明け渡した。

この状況は、クロパトキンとアレクセーエフの論争を再燃させた。もはやアレクセーエフの批判を抑えきれなくなったクロパトキンは、六月半ば、旅順を救うために部隊を送らざるを得なくなった。しかし、この作戦に不承不承同意した彼は、アレクセーエフが要求した四八大隊ではなく、三二大隊を送った。結局、南部支線の沿線にある得利寺付近で、北に向かう日本軍約三万三〇〇〇人と南下するロシア軍の三六大隊の間で、一四日から翌日まで激しい戦闘が繰り広げられた。この戦いでもロシア側が敗退した。このときには、ロシア軍は指揮官の間で意思の統一を欠き、日本軍の組織立った攻撃に耐えられなかったのである。また、この戦いでは、ロシア軍が山中での戦いに慣れていなかったことも日本軍に幸いした。

戦闘はもはやこの時点で、多大な人命の犠牲を伴うことが明瞭になった。日本側の記述では、鴨緑江沿岸から九連城での戦闘における日本軍の死傷者は九三二人、ロシア側のそれは一八〇〇人であった。また金州の南山における戦闘は陣地戦の様相を呈したためにさらに惨《むご》く、日本側の死傷者は四三八七人を数えた。そして、初めて両軍が正面から激突した得利寺の戦闘では日本側の死傷者は一一四五人にのぼった。

同じ死傷者数をロシア側の記述で見ると、鴨緑江の戦闘ではロシア側二七八一人、日本側一〇〇〇人、第二の金州の戦闘ではロシア側一四〇〇人、日本側三四五〇人、第三の得利寺の戦闘ではロシア側三五六三人、日本側一一九〇人であった。いずれの戦いも正味の戦闘期間は一日か、長くても数日であった。

両軍は精度が高く、破壊力の増した火器を利用しており、それが前線の軍に異常なレベルの犠牲を強いたのである。しかし、双方はもはやこの消耗戦を続ける以外になかった。

愛国心と挙国一致

一般的に、日本では開戦とともに国民の熱狂的な戦争支援の声が沸きあがったのに対して、ロシアではこの戦争は最初から不人気であったといわれてきた。しかし実際には、開戦の段階では、両国民の戦争に対する態度にこうした対照性は見られなかった。ロシア国民も、開戦からしばらくの間は熱烈に戦争を支持したのである。

首都では、冬宮においてツァーリによる開戦報告の式が厳粛な雰囲気の中で催され、さらにウスペンスキー寺院でも祈禱《きとう》式があった。九日から一一日まで、ペテルブルグやモスクワなどの都市では、愛国行進が多数の人々を集めて催された。

それは遠く離れたオデッサでも同じであった。二月一四日付で同地駐在の日本領事が書いた報告によれば、八日に領事館を引き揚げるために出発したときにはロシア社会は平穏な様相を見せていたが、別の館員が翌九日に出発したときには、旅順沖において日本海軍が水雷によってロシアの軍艦三隻を攻撃した事実が新聞号外で知らされたために、「世上俄《にわ》カニ動揺シ、街頭ニハ民衆群集シ、何《いず》レモ開戦ノ噂囂々《ごうごう》ト」としており、「汽車中ニ於テハ、乗合ノ露人カ日本人ニ対スル悪口非難ノ声ハ聞キ苦シキ程ニ有之候趣」と観察された。

皮肉なことに、日本軍の奇襲がロシア国民を戦争に向けて奮い立たせたのである。一〇日に公布されたツァーリの開戦の詔勅も、日本の攻撃の不当性を強調していた。この詔勅は各地で読み上げられ、国民の戦意高揚に貢献した。国民は国歌を歌い、戦勝を祈願した。

当然、両国でこうした高揚した気分を維持するための措置がとられた。戦争報道はこの点できわめて重要であった。将軍たちの肖像や艦船などの写真、さらに写真から精密に写しとったイラストレーションが雑誌の体裁にして売り出された。こうしたものの中には、正確であることを犠牲にして、日本では日本人の、そしてロシアではロシア人の、勇壮さや力強さを誇張するものも含まれていた。そこでは、敵方の兵士の顔や動作はことさらに醜悪で卑小に描かれていた。こうした工夫は、自然に戦意を高揚させる作用を果たした。

さらに、記者や作家たちが戦場に赴き、そこから本国にいる読者に向けて戦況報告を送った。文章に絵を添えて臨場感を生み出す手法も多用された。両国で戦争を主題とする雑誌が相次いで刊行された。一方、報道に対する規制もなされた。たとえばロシア側で出された戦場からの発送禁止項目一覧には、部隊の配置や人数など軍事情報の項目と並んで、「敵弾の効果。命中した場所」や「公式に報道があるまでの死傷者の姓名」という、国内の反応を意識した項目が含まれていた。日本の報道規制は前年秋から進められていた。

日本では戦局が優位に進んだため、高揚した気分をつなぎとめる材料に事欠かなかった。個々の戦闘の勝利が伝わると目抜き通りで提灯《ちょうちん》行列が行なわれ、大公園で祝勝大会が開かれた。時には、旅順閉塞作戦の失敗の過程で生じた広瀬《ひろせ》武夫《たけお》中佐（戦死時は少佐）の戦死を大々的に報じて、国民の戦意をさらに高めるという手の込んだ作業もなされた。日本では第一次大戦を待たなくても、広く社会を巻き込んだ挙国一致の様相が見られたのである。

これに対してロシア側では、華々しい戦果がほとんどなく、国民の一体感を生み出す材料が乏しかった。緒戦では数に勝る日本軍と戦わず、ひたすらロシア軍の集中を待つというクロパトキンの戦略は合理的であったが、戦争への国民の支持を確保するという観点をまったく欠いていた。近代の戦争では、銃後の国民の支持は不可欠であったが、ロシア軍指導部にはこうした点での配慮が乏しかった。

ロシアでは、緒戦の失敗が伝わるにつれて、その「責任者」を探す作業が始まった。上はクロパトキン、アレクセーエフから下は部隊の指揮官まで、およそ軍内上層のすべての者に

戦地へ向かうロシア軍幹部を激励するニコライ二世（中央）

ついて、その能力や資質に対する疑問や不信がささやかれた。次に、国内の少数民族、特にユダヤ人が問題にされた。ユダヤ人は愛国心が乏しく、部隊において悪影響を与える存在だという認識が広く共有されていた。さらに、戦場となった満洲の住民たち、つまり朝鮮人や清国人が、同じ黄色人種である日本人のためにスパイ活動をしているのではないかと不信の目を向けられた。日本でも国内に潜入して攪乱工作を行なうロシア側のスパイ、当時の言葉でいえば「露探《ろたん》」に対する警戒心が広がったが、ロシアではもっぱら出征している軍隊の中で、日本側スパイの暗躍が警戒されたのである。

しかしロシア側にとって何よりも問題であったのは、社会の階級的緊張であった。労働者と農民を一方とし、貴族層を他方とする甚だしい社会的格差は、予定調和的に存在するはずのツァーリと国民との一体感を内側から崩していった。社会主義者の影響力は後の時代から想定されるほど大きくはなかったが、ロシアではそれ以前の問題があった。つまり、ブルジョアジアーと呼ばれる中産階級が、地方自治組織を足がかりとして政治への参加を求めていたのであるが、ツァーリを中心とする指導層は、こうした新興勢力に不信の目を向け、社会を下から組織する機会を与えなかったのである。

社会の緊張と出口のない状況を象徴するような事件が七月末に起こった。革命を願うテロリストが、内相プレーヴェを爆弾によって殺害したのである。それは、ロシアという国においては挙国一致が生み出せないことを明白に示した。

他方、日本でも国民の間に大きな経済的格差があり、陸の長州、海の薩摩といわれるような藩閥人事が目について、けっして社会は平穏ではなかった。しかし国民の大半にとっては、そうした国内の問題と対外的脅威の問題はまったく次元の異なる事柄であった。

遼陽の戦い

日本軍は五月末に乃木希典《のぎまれすけ》中将（六月六日より大将）を司令官として第三軍を編成し、これに旅順要塞の攻撃を任せた。ここに加わったのは第一師団と第一一師団であった。ほかに出征した軍は第一軍（近衛師団、第二師団、第一二師団）、第二軍（第三師団、第四師団、第六師団、騎兵旅団と砲兵旅団）と独立第一〇師団であったが、これらはすべて北に向かった。この過程で六月末に、独立第一〇師団に第五師団と歩兵旅団を加えて、第四軍が編成された。さらに、第三軍には第九師団が加えられた。当時の日本が有した野戦師団は全部で一三であったので、この時点で内地に残されたのは二個師団（第七師団と第八師団）であった（当時、野戦一個師団は一万八〇〇〇人から二万人ほどの将兵によって構成されていた）。

ロシア軍が続々と満洲に向かっている状況を考えれば、ここでなぜ日本軍が一気に北上しなかったのか不思議に思われる。戦史を見ると、六月半ばの得利寺の戦闘からほぼ一ヵ月間、戦闘らしい戦闘は起こっていないのである。これは来たるべき行軍に備えて、武器と弾薬の輸送路を確保しなければならなかったからである。特に険しい山道を進まねばならなかった第一軍にとって、この問題は深刻であった。回想録を読むと、備蓄基地になった鳳凰城において、五月中旬から六月下旬に至るまで「滞陣」したという記述がある。人力と馬力に頼る当時の機動力では、不可避的にこうした「休憩時間」が生じていた。

緒戦で敗北したロシア軍にとって、この時間は貴重であった。戦争の予期せぬ展開は、日本との戦いが小規模な戦争で終わるものではないことを示していた。この時間を利用して、ロシア側は軍の集中に全力を注いだ。

七月半ばの時点でロシア軍の陣容を見ると、まず南部軍が、鉄道沿いに日本の第二軍と第四軍を迎え撃とうとしていた。その内容は、大石橋に四万二〇〇〇人、その左翼を守る形で二万四〇〇〇人、そして背後の海城に一万六〇〇〇人の予備軍というものであった。さらに、安東《あんとう》県方面から遼陽まで続く山道沿いには、日本の第一軍に備えて東部軍が配置された。こちらでは、藍河の背後に二万六〇〇〇人、賽馬集《さいばしゅう》方面に七〇〇〇人、遼陽に五〇〇〇人という陣容であった。こうして日本軍に対抗するロシア軍は、この時期既に一九万六〇〇〇人に達していた。明らかに数においてはロシア軍の方が優勢であった。しかし、退却を重ねてきたロシア軍の士気は極端に落ちていた。戦前における日本軍の過小評価は、緒戦の敗北で一転し、今度は極度の過大評価に陥ったのである。

　この状態にあった七月の半ばに、ロシア軍は、摩《ま》天嶺《てんれい》付近において日本の第一軍に対して及び腰の攻勢をかけた。しかしそれは、たちまち撃退された。さらに雨の明けた二三日から始まった大石橋付近での戦闘では、ロシア側司令官ザルバーエフ中将が日本軍の数は自軍をはるかに上回るものと誤解して、二四日夜に退却した。

　ついで七月末から翌月初頭にかけて、遼陽の東部（楡《ゆ》樹林子《じゅりんし》と様子《ようし》嶺《れい》）では、日本側第一軍と、東部シベリア第三師団、同第六師団、それに第一〇軍団をあわせたロシア軍が激戦を繰り広げた。ここでも勝敗が定まらぬ状況が続いていたにもかかわらず、ロシア側の指揮官たちはそれぞれの持ち場で形勢不利と判断すると、次々に退却を命じた。

同じ七月の末に、日本側第四軍に直面していたザスーリッチ中将指揮下の第二軍団も、八月一日朝までにほとんど戦うことなく遼陽方面に撤退した。こうした戦闘の結果、日本軍の士気はますます上がり、対照的にロシア軍は自信を失っていった。

八月初頭における日本軍の判断としては、遼陽に集結するロシア軍が数の上で勝っている以上、乃木の第三軍が旅順を攻略して北上してくるのを待つこともあり得た。しかし旅順の戦いが長引くようだとロシア軍がますます増大して、日本軍に不利になることも明らかであった。旅順の勝利後は、軍隊を錦州《きんしゅう》方面に向けることを考えていたようである。こうすれば日本軍は物資輸送が楽になり、遼陽以後の戦いに備えることができた。いずれにせよ、日本軍総司令部は現有兵力で八月半ばを期して総攻撃を行なうことを決めた。

遼陽は遼河の支流である太子河《たいしが》と東清鉄道南部支線が交叉《こうさ》する交通の要所で、ロシア側は早くからここに防禦陣地を構築していた。会戦が始まる前に太子河にかかる橋をいくつも準備し、地の利では圧倒的に守備側が有利であった。しかも八月後半には第五シベリア軍団が到着して、兵力はますますロシア側に有利に傾いていた。

この状態で八月二五日から日本軍の攻撃が始まった。日本の第一軍は、遼陽の東南から太子河右岸に入って奉天との連絡路を襲い、ロシア軍の退路を切断することを目指した。この攻撃を、第四軍と第二軍が南側からの攻撃によって助けるという戦術が組み立てられた。しかし第一軍の進む道は険しく、適宜に野戦砲を利用できなかった。また高地に陣取るロシア軍からの銃砲火も、日本軍の行動を阻止するのに効果的であった。にもかかわらずクロパトキンは、日本軍が包み込むように進んで来る山地での戦闘は不利だと判断し、二六日の深夜に、全軍に遼陽に撤退するよう命じた。この後、第一軍はようやく進撃が可能になった。また、遼陽南方の鞍山站《あんざんたん》においてロシア軍と対峙《たいじ》していた第二軍と第四軍も、これで前進が可能になった。

日本軍は二八日以降、勢いに乗って遼陽に対する総攻撃に入った。一般にはこのときから遼陽の戦いが始まったとされている。しかし実際には、最初の計画にあった太子河右岸への渡河作戦がようやくこのとき実現に向かったのである。

三一日午後三時、日本軍総司令部の参謀は第二軍参謀副長に宛てて、「全戦役の運命を決すべき前日来の戦闘は、各軍共に行悩み、第四軍及び近衛師団は優勢なる敵に圧迫せられ現状を保持するに止まり、各軍共にその運命を第二軍の成功に賭して苦戦奮闘しつつあり」と電報を打っていた。ここに見られるように、日本軍はいたるところで厳しい戦いを続けていた。しかしロシア軍は、三〇日深夜に、日本の第一軍が渡河に成功したときには、さらに後方に退くという命令を用意していた。クロパトキンは日本軍の兵力を過大に評価しており、日本の第一二師団が渡河を始めたのを確認した三一日の昼過ぎに、左翼方面での戦闘継続は不可能だと判断し、前日に用意していた後退命令を発した。

地雷と鉄条網を施した防御陣の前に苦戦していた第二軍と第四軍は、第一軍が渡河したという報《しら》せに奮い立った。この後、日本軍の猛烈な砲撃と犠牲を物ともしない前進が続き、次第にロシア軍を追い詰めていった。この結果、九月三日までにロシア軍は遼陽を明け渡した。しかし勝利した日本軍も、敗走するロシア軍を追撃する力がなかった。

日本軍の問題

遼陽の会戦は双方の軍に多大な犠牲をもたらした。日本の戦史によれば、参戦した日本軍戦闘員は一三万四五〇〇人、そのうち死傷した者は二万三五三三人であった。同書によれば、対するロシア側は、参加戦闘員二二万四六〇〇人、死傷者約二万人であった。

アメリカの軍事史家は、遼陽の会戦の際の死傷者は日本側が二万三〇〇〇人、ロシア側は一万六〇〇〇人であったとしている。いうまでもなく、遼陽の会戦をいつからいつまでと規定するかによってこの数字は異なる。しかしそれでも、以上の戦闘の過程から見て、またロシアの戦史から見ても、日本の戦史が挙げるロシア軍の死傷者数は多めに見積もられていた可能性が高い（またロシア軍の戦闘員数も、最大時のものであったと考えられる）。

いずれにせよ、死傷者の増大は兵力の絶対数で劣る日本にとって戦闘遂行能力に関わる問題であった。実は日本軍は、遼陽の戦闘が起こる直前の八月半ばに、旅順総攻撃で一万五八〇〇人もの死傷者を出していたのである。旅順と満洲の戦闘は兵力補充の問題を提起した。

九月一六日、満洲軍参謀井口省吾はこの問題に関して文書を草した。井口によれば、これまでの戦闘は「戦略要点を我に掌握する」ことを目指すものであった。このために犠牲の多少を考えずに、迅速に目的を達しようとした。しかし戦争の終局の目的は、「敵の主力を殲《せん》滅《めつ》して復《ま》た其《その》威力を逞《たくまし》うする能わざる《ママ》に至らしむる」にある。こうした戦闘では、戦略要点の掌握を目指す戦闘と異なり、時間はかかってもかまわないが、「勉《つと》めて損害を小ならしむべき」である。そのためには、ロシア軍の得意の戦闘形態で行なう戦いを避け、その苦手とする戦闘形態で戦った方がよい。井口によれば、ロシア軍は堅固に陣を構えて、機関銃を利用する方法を得意としているが、援護なき平野で行なう機動戦は、指揮の統一がないため苦手であった。明らかに井口は、軍の消耗に危機感を抱いていたのである。

日本の軍指導部は、極東ロシア軍の兵力は八月末には、日本式に数えて約二〇個師団に達すると計算した。これに対抗するためには、現在の一三個師団では足りないことは明らかであった。こうして、まず第七師団を除く各師団において、各歩兵連隊に一大隊を、各騎兵連隊に一中隊を増設するといった対応策をとった。ついで、徴兵令を改正し、後備兵の服役年限を従来の五年から一〇年に延長した。さらに参謀総長による四個師団増設の提議を受けて、一二月に、二個師団に相当する人員を増徴し、翌年五月までに出征できるよう教育することが決まった。こうした方法によって兵力の増強が図られたのである。

しかし満洲軍の状態は、これらの措置による効果が出るまで待つことを許さなかった。そこで、予備兵力として国内に残していた二個師団を利用することにした。まず九月末に第八師団を遼陽方面に回すことを決定した。さらに一一月には第七師団を旅順に送る決定をした。こうして、このときから新設の師団が増設される翌年三月まで、日本国内にはまったく予備兵力がない状態になった。

ところで、日本軍にとっての問題は兵力の補充だけではなかった。武器や弾薬も不足し始めていたのである。日本軍が戦争中にどのくらい銃砲の弾丸を使用したのかをまとめた表がある。それによると、鴨緑江戦では日本軍歩兵は八四万発余りしか銃弾を使用しなかったのであるが、遼陽の戦いでは消費量はそのほぼ一〇倍に達していた。銃一挺あたりの消費弾で見ても、遼陽戦の消費量は鴨緑江戦のそれの三倍以上であったのである。このように消費弾が増大したのは金州の戦いからであったので、ロシア軍の応戦が本格化したことにその原因があったと考えられる。

日本軍指導部は、金州の戦闘以降、消費する銃弾と砲弾の数が戦前の予想を上回っていることに気づき、対策を講じ始めた。たとえば六月には、陸軍当局は東京と大阪の砲兵工廠《こうしょう》の

出征待命中の召集兵（奥）．東京の街頭にて．

作業量を増大し、広く官私立の工場の利用を許すことにした。また、八月の遼陽の会戦前には、大本営兵站総督部が「砲弾の製作工程を増加すべき提議」を起草していた。それは、速射砲について「毎月毎砲四百発を発射するものとして準備せざる可《べ》からず。これを我《わが》現況毎月百発を製造し得る工程に考うる《ママ》時は、転《うた》た寒心すべきものありて、遂に弾薬補給の欠乏を告ぐるに立《たち》至らん歟《か》」と記し、速やかに内地製弾工場を増設するよう提案し、さらにこうした工場が稼働するまでは、「此際《このさい》外国工場へ製作方《かた》を特約し、以て迅速なる作戦の進捗に応ずるの計を立てざる可《べか》らず」と付け加えていた。

他の銃砲弾についても状況は似たようなものであった。たとえば八月二八日には、東京と大阪の工廠において毎月野山砲弾三〇〇〇発を製造することにし、海軍工廠と外国における製造を加えて、翌年三月までに一一五万発の砲弾を製造する計画を決定した。

遼陽の会戦以後、こうした措置はいよいよ切実なものとなった。遼陽での戦いで戦争の雌雄が決せられるのではないかという期待が消えて、膨大な量の弾丸（そして兵器）を費消する戦争がまだまだ続くことが明らかになったからである。

満洲では総司令官が、各軍司令官に対して砲の「濫射《らんしゃ》」を行なわないように訓示した。また国内では陸軍省が、東京と大阪の砲兵工廠における一ヵ月の製造量を、野山砲一二万発まで増大することを決めた。そして同日付で、アームストロング社、カイノックス社、キングスノルトン社、ノーベル社などの外国の諸会社に弾丸の注文を出した。こうして九月下旬までに二四万五〇〇〇発を確保し、そのうちの二万発を旅順に、残りを遼陽の部隊に補給することにした。こうした措置をとらなければ、軍は戦いを継続することができない状況にあったのである。当然、その他の弾薬装備についても急ぎ補給策がとられた。

日露戦争研究のパイオニアである大江志乃夫は一九七六年に出版した著作の中で、戦時中の軍需品の生産と調達において、民間工業の動員や萌芽的な食糧物資供出制度などが現れた事実を指摘し、この戦争は日本に即して見ると「早熟的な国家総力戦であり、国家総力戦の端緒的な諸特徴を明らかにしめしていた」と評価した。「総力戦」という概念は曖昧であるが、たしかに経済の規模の小さい日本では、巨大な戦争を遂行する過程で、単一目標のために大きくはない国民経済を組織化する最初の試みが見られたのである。

他方のロシアについていえば、こちらでも多大な武器弾薬の費消に悩まされていたのであるが、もともと軍隊と経済の規模は日本よりも大きかったので、民間経済部門を動員する事態にまではいたらなかった。ロシア側で補給が問題になるとすれば、それは鉄道輸送の能力不足と社会の組織能力の弱さによるものであった。

第六章　陸と海の絆

連合艦隊

陸で日露の軍隊が死闘を繰り広げていたとき、海では両国の艦隊が神経戦を続けていた。この時期の日本にとって最大の問題は、旅順港にある太平洋艦隊が日本と大陸を結ぶ輸送路を襲うことではなかった。それはもちろん、大陸で戦う日本陸軍にとって大きな問題であった。しかし、戦争の全体を考えたとき、日本にとってより恐ろしいシナリオは、ロシア艦隊が旅順港に残る状態で、ヨーロッパ方面から別のロシア艦隊が太平洋に到着することであった。そうなれば、日本の連合艦隊は前と後ろに敵の艦隊を迎える羽目に陥り、制海権を失う公算が高かったからである。

こうして、連合艦隊司令長官東郷平八郎としては、旅順にある太平洋艦隊を閉じ込めるだ

マカロフ

けではなく、その軍事活動を不可能にする必要があった。非常に成功の確率が低い旅順港の閉塞作戦も、また、要塞化した旅順港に近寄り、港内のロシア艦隊に向けて行なった艦砲射撃も、すべてこのためであった。しかしロシア側も水雷艇を繰り出し、港内からも激しい砲撃を行なってこれに対抗した。このために、連合艦隊の作戦は成果を挙げられなかった。

封鎖作戦の続く一九〇四年四月半ばに、日本側の仕掛けた機雷に触れて戦艦「ペトロパヴロフスク」号が沈没した。これによって、マカロフ太平洋艦隊司令官が戦死した。彼はロシアの司令官では珍しく実力で昇進してきた人物で、ロシア側の期待を担って三月に旅順に到着したばかりであっただけに、その死はロシア側に衝撃を与えた。しかし五月半ばには、今度は日本の戦艦「初瀬」と「八島」が、ロシア側の仕掛けた機雷に触れて沈没した。来たるべき大規模な海戦に備えて一隻も失いたくないと考えていた日本側にとって、これは大きな打撃であった。

この間、ウラジヴォストークにあったロシアの小艦隊は、日本の沿岸で輸送船を攻撃した。

いわば海上においてゲリラ戦を行なったのである。しかし、ロシアの小艦隊は日本の物資輸送に支障を来たすほどの成果を挙げることはなかった。四隻の巡洋艦では、連合艦隊を牽制する役も果たせなかった。日本側は上村彦之丞《かみむらひこのじよう》を長官とする第二艦隊にその捕捉を任せ、主力はあくまで旅順港の太平洋艦隊に向けられた。

こうした状況にあった七月一二日に、海軍軍令部長と次長が大本営陸軍部を訪ね、参謀総長と次長に対して、東郷平八郎から海軍軍令部長に宛てた電報を示した。それは以下のように、この時期の東郷の心中を明瞭に示していた。

「旅順の敵艦隊は昨今艦船の修理に努め、また敵は我が監視を脱し外海に機械水雷を沈置《ちんち》するの形跡あるが故に、我が海上の監視は日を逐《お》うて益々困難の度を加ふ。（中略）旅順港の敵は修理を終りてその勢力を回復するに反し、我が艦船は漸次その勢力を減ずることとなり、単に旅順の敵艦隊に対してすら、彼我《ひが》海上の権衡を失し、全局の作戦上実に憂慮に堪へず。目下情報あるバルチック艦隊の東航若《も》し確実なるに於ては、我が艦隊は大部を内地に引揚げ、必要の修理を加へざるべからず。艦艇の大部は已《すで》に入渠《にゆうきよ》後六ヶ月を経過しあるを以て、塗替及び修理に一ヶ月半を要す。故にバルチック艦隊の東航を確認したる時は、相当の時機に於て我が艦艇は当方面を引揚げざれば、これに対する準備を完了すること能はず。（中略）実状かくの如きを以て、刻下我が作戦上の最大急務は、一日も早く旅順を攻略し、上陸軍の後

方を安全にし我が艦隊また旅順の敵艦隊を撃破して、新来の敵に対する準備を完了すること
これなり」
つまり、東郷はバルト艦隊の到着を恐れるがゆえに、陸軍側に一日も早く旅順を攻略してほしいと願い出たのである。この後に開かれた陸海軍高級幕僚会議は、東郷の意見を採用し、速やかに旅順攻略を目指すことを決めた。陸軍側がここでさしたる抵抗を見せなかったのは、作戦の重要性を理解したからであろうか。その後の経過を見ると、陸軍は旅順要塞の攻略という課題を軽視して、安易に海軍側の申し出を受け容れた可能性もなくはない。

それはともかく、海上では八月初頭に大きな事件が起こった。ロシア側が旅順港にあった太平洋艦隊を強行出撃させ、ウラジヴォストークに向かわせたのである。ウラジヴォストークの小艦隊は、これに呼応して釜山沖まで迎えに出ることになっていた。

しかし八月一〇日早朝に出港した太平洋艦隊は、昼頃に連合艦隊に捕捉され、旅順港南東方面で海戦となった。だがこのとき、東郷司令長官はロシア側の動きがつかめず、太平洋艦隊を取り逃がしてしまった。しかしそれでも、夕刻には連合艦隊は黄海沖《こうかい》でロシア艦隊に追いつき、旗艦「ツェザレヴィッチ」に損傷を与えた。この黄海海戦では、太平洋艦隊長官ヴィトゲフトが戦死したが、その艦船は四方に散って、一隻も撃沈されなかった。そこで、連合艦隊は手分けしてロシアの艦隊を追った。この結果、中立国に入ったロシアの艦船はそこ

で武装解除された。また、樺太《からふと》（サハリン）近くまで逃げて、そこで自沈したロシア艦もあった。しかし、戦艦四隻など一〇隻のロシア艦船が旅順港に帰航した。

他方、このときに出迎えに出ていたウラジヴォストーク小艦隊の三隻の巡洋艦は、一四日早朝に、朝鮮半島の南岸に近い蔚山《ウルサン》沖で待ち構えていた上村艦隊と交戦となった。海戦の結果、ロシア側の一隻は撃沈され、他の二隻も大きな損傷を受けた。こうしてウラジヴォストークの小艦隊は、事実上消滅した。

状況は見たところ日本側の大勝利であったが、東郷には不満であった。旅順に残る一〇隻の艦隊はまだ危険な存在であった。実際には、ロシアの指導部は、港に戻った艦隊を再びウラジヴォストークに送ろうとはしなかった。むしろ船に装備されていた大砲を陸揚げして、旅順の防衛に回したのである。しかし東郷はこうした事実を知らなかった。彼は依然として次の海戦までに太平洋艦隊を殲滅したいと考えていた。

バルト艦隊

東郷の思いとは別に、八月の海戦の結果はロシア側に衝撃を与えた。指導部は既にマカロフが戦死した四月半ばの段階で、バルト艦隊の中から第二太平洋艦隊を構成し、太平洋に送る決定をしていた。しかし、もしかしたら太平洋艦隊は自力で日本の封鎖を突破できるのではないかという淡い期待を抱いていたために、この決定をなかなか実行に移そうとしなかった。おそらく海軍の首脳の中には、ヨーロッパからアジアに大艦隊を送る企図そのものについて、不安を抱いている者がかなりいたのである。

東郷が恐れたように、ロシア側が開戦後速やかに数隻でも艦隊を太平洋に送り、連合艦隊の力を分散させていれば、状況は異なっていたであろう。しかし海軍国として二流のロシアには、それだけの決定を行なうだけの自信と経験を持つ指揮官がいなかった。

ようやく八月二三日にツァーリは御前会議を開き、黄海海戦後の措置について協議した。出席した者の多くは、まだ第二太平洋艦隊は編成されたばかりで準備が整っていないので、拙速を避けるべきだと主張した。わざわざヨーロッパから艦隊を送るより、チリとアルゼンチンから購入する予定であった巡洋艦を旅順に派遣して、現在の太平洋艦隊を強化する方が望ましいのではないか、という意見も出された。

こうした意見に強く反論したのは、第二太平洋艦隊の司令長官に任命されていたロジェストヴェンスキー海軍少将であった。彼は、ここで延期すれば、せっかく途中の補給のために集めた外国船を手放さなければならず、それは今後の派遣を困難にすると主張した。

この主張は派遣の目的とコストに関わるものではなく、純粋に戦術的に見れば奇妙であったが、危機にある旅順と太平洋艦隊を救う必要があるという意見の方向には、出席者の誰も反対できなかった。こうして、会議は秋に第二太平洋艦隊を出航させ、マダガスカルにおいてチリとアルゼンチンから買い付ける巡洋艦を合流させることになった。この時点では、第二太平洋艦隊が戦場に到着するのは一九〇五年三月と想定された。

ロジェストヴェンスキーはトルコとの戦争に参戦し、ロンドンで駐在武官を務めており、海軍の中でひときわ目立つ昇進を続けてきた人物であった。その識見と艦隊の指揮能力を疑うとすれば、おそらくロシア海軍に司令官を見いだすことは不可能であった。

いずれにせよ、八月の御前会議を終えて、ようやく第二艦隊の派遣準備が本格化した。しかし、編成が遅れたために、第二太平洋艦隊は一度も全艦による演習をしなかった。乗組員たちはさまざまな艦船からの寄せ集めであった。また、以前に建造された艦船も加えたために、新規の装備を加えるのに時間がかかった。これによって、実弾射撃による訓練も僅かしかできなかった。ひとことでいえば、第二艦隊は、出発まで時間をかけた割には戦闘準備が不十分なままであった。

ともかくこうして一〇月一五日に、リバウ港から第二太平洋艦隊が出航した。その陣容は次のようなものであった。旗艦は「スヴォーロフ」で、排水量一万三五一六トン、速力一八ノットの新造された戦艦であった。同一型の戦艦「ボロジノ」「アレクサンドル三世」「オリョール」の三隻も艦隊に加えられた。その次に、戦艦「オスリャビヤ」「シーソイ・ベリーキー」「ナヴァリン」が続いた。これら三隻は一八九一年から一八九八年に建造されたもので、排水量は少し小さいが、速力ではそれほど劣らなかった。

巡洋艦では、「ナヒモフ」「アルマーズ」「オーロラ」「スヴェトラーナ」「ジェムチューク」、それに「ドミトリー・ドンスコイ」が加わっていた。さらに、途中で海軍大佐ドブロトヴォリスキーの率いる巡洋艦も数隻加わることになっていた。この後ろに装甲海防艦、駆逐艦、運送船などが続いた（チリとアルゼンチンから買う予定であった巡洋艦は、結局入手できなかった）。

ここから明らかなように、第二太平洋艦隊の陣容は堂々たるものであった。しかし、途中で船と乗員を休ませる基地を一つも用意できなかったことは、これだけの艦隊で航行することを困難にしていた。ロシア艦隊は、中立国が妨害しない限りで港に碇《いかり》をおろし、積荷を積み込むことが許された。これでは、長い航海で必要になるはずの艦船の修理もままならなかった。ロジェストヴェンスキーに課せられた課題は非常に厳しかったのである。

第二太平洋艦隊を取り巻く事情がこのようなものであったため、イギリスが日本の同盟国であったことは海戦においても大きな意味を持った。ロシアの同盟国フランスも、またロシアに比較的好意的であったドイツも、海の上ではイギリスほどの力を発揮できなかった。ロシア側の乗員は、実体があろうとなかろうと、海を支配するといわれたイギリスを意識せざるを得なかった。一〇月二二日に北海のドガーバンク沖で、ロシア艦隊がイギリスの漁船を日本の水雷艇と誤解して砲撃する事件が起こったが、これはまさにこうした心理のしからしめたものであった。

この事件で一時は戦争が始まるのではないかと思われたが、イギリス側も事件を大事《おおごと》にする気がなかったので、一週間後には解決され、太平洋艦隊は再び航行を始めた。途中フランスの植民地であるモロッコで艦隊は二手に分かれた。「スヴォーロフ」を含む主要艦は技術的に当時のスエズ運河を運航できず、アフリカ大陸の西側を回る以外になかったのである。こうして、一二月になってようやく本隊は喜望峰を回りマダガスカルに着いた。ロジェストヴェンスキーは、ここで今後の動向を再検討する必要に迫られることになった。

要塞戦

さて、これより以前の八月一九日から二四日にかけて、ロシア側はこの戦争で初めて勝利を収めていた。日本の第三軍が拙速で進めた旅順攻撃を完全に撃退したのである。

クリミア戦争（一八五三〜五六年）のときのセヴァストーポリ要塞、露土戦争（一八七七〜七八年）のときのプレヴナ要塞と、要塞戦は戦争の帰趨を定めるうえで非常に大きな意味を持った。要塞戦は、要塞が占める地理上の利点のために、敵味方のどちらが確保するかによって、その後の勝敗を左右したが、それだけではなかった。しばしば戦争を代表する戦いとしての意味を帯び、その攻防は両軍の士気に大きな影響を及ぼす。この事実を当時の日本軍はほとんど理解していなかった。

日本側の戦史で、日本軍の要塞攻略の準備が不足していた事実を最も直截《ちょくせつ》に指摘しているのは『機密日露戦史』である。これは一九二〇年代に陸軍大学校において谷寿夫《たにとしお》教官（大佐）が、選ばれたごく少数の学生に行なった講義をまとめたもので、第二次大戦後に一般に公開された著作である。ここで谷は、日本側の要塞戦術の研究は「露国側と比べ遥かに幼稚であった。要塞砲兵科首脳将校これを知るのみ」と喝破していた。

この見解は、『明治卅七八年戦役陸軍政史』の記述によっても確認できる。この著作も、第二次大戦が終わるまで一般には秘匿されていた。そこには次のようにある。

「八月二十九日　本月二十一日ニ於ケル旅順要塞総攻撃功ヲ奏セス、死傷頗《すこぶ》ル多ク、遂ニ正攻々撃ヲ採用スルト同時ニ、予《かね》テ鎮海湾備附ノ為メ箱崎砲台ヨリ撤去セシ二十八珊米《サンチ》榴弾《りゅうだん》砲《ほう》六門ヲ大連湾ニ送付シテ攻囲軍ニ支給シ、之ヲ以テ旅順ヲ砲撃セシムルニ決シ、之カ輸送ノ為メ、九月一日頃運送船ヲ横須賀ニ回航セシムルコトトナリ」

さらに同書によれば、寺内陸相は旅順攻撃の前に「二十八珊榴弾砲ノ如キ大口径砲ヲ用ウルヲ得策トシ」、この点について参謀次長の意見を求めたが、「当時参謀本部ノ議論ハ、中小口径火砲ノ砲撃ニ次クニ強襲ヲ以テセハ、旅順要塞ヲ陥落シ得ヘシト云フニ一致シ、陸軍一般ノ意向モ亦《また》概ネ此ニ在リシ」という状態であった。

準備不足のもとで突撃を重ねた結果、日本軍はこの八月の第一回総攻撃で参加戦闘総員五万七〇〇〇人のところ、一万五八〇〇人の死傷者を出した。同じ事態をロシア側の戦史は、日本軍の損害は二万人近くに達したとし、その原因は「包囲軍の弱さ」と「コンクリートの建造物には無力でしかなかった、この時期の攻城砲の弱さ」にあると分析していた。さらにこうした分析では、「一〇日から一一日［西暦二三日から二四日］にかけての突撃隊の行動がバラバラであったこと」も、失敗の要因として付け加えていた。

前記にある「二十八珊米榴弾砲」とは、海岸の防備のために創出されたもので、これをこの時期から要塞攻撃に転用することにしたのである。まず鎮海湾要塞のものが九月末までに第三軍に引き渡され、九月末からその威力を発揮し始めた。この結果に満足して、一〇月以降も、日本各地の要塞のための同砲が、弾薬、特設砲床用器具などとともに旅順に送られ、次々に敷設された。こうして、最終的には一八門が旅順戦で利用された。

ともあれ、こうした工夫にもかかわらず、コンクリートで防備を固めた旅順要塞は簡単には日本軍に落とされなかった。まだ「二十八珊米榴弾砲」が利用されていない九月一九日から二三日までの攻撃では、日本軍は四七〇〇から四八〇〇人の死傷者を出した。

さらに一〇月二六日から三一日までなされた日本軍の総攻撃も、死傷者三八三〇人を出して失敗に終わった。第三軍の参謀長の報告は、期待の「二十八珊米榴弾砲」は堡塁《ほうるい》の一部を破壊したが、主要な建造物には効果がなかったと記していた。これに対して、ロシア側の戦史は、実際に同砲の効果は著しかったが、日本軍は、塹壕《ざんごう》の側面と塹壕を結ぶ移動用の建造物を十分に破壊せずに突撃に入ったために失敗したと分析していた。状況から見て、おそらく後者の方が真実に近いと考えられる。

旅順攻撃の失敗は日本の海軍指導部を困惑させた。一一月初頭に、大本営海軍部は「ロジエストヴインスキー《ママ》の率ゐる主力艦隊は、一二月中旬一旦《いったん》マダカスカル《ママ》島附近に於て集合の後、馬来《マレー》群島附近に航し、こゝに諸準備を整へ、遅くも明年一月上旬には台湾海峡附近に達し得」るだろうと展望し、これに対抗するためには連合艦隊の艦艇修理が必要で、少なくも到着の二ヵ月前には旅順の海上封鎖を止めねばならないとした。

つまり、海軍側は、旅順港の封鎖は一二月上旬までという時期を設定したのである。これを受けて、大本営は満洲軍総司令部に対して、速やかに旅順の攻略はできないのかと問いただした。さらに、旅順の陥落がすぐに無理であれば、第三軍に「二十八珊米榴弾砲」を使わせ、「まず敵艦撃破」をさせてはどうかと指摘した。これはつまり、旅順の要塞そのものではなく、いきなり旅順港内のロシア艦船を砲撃してはどうか、という意味である。

この時期、同じ問題をめぐって、東郷司令長官と乃木第三軍司令官との間でも議論が交わされた。双方は「まず敵艦撃破」という方針で一致した。しかし第三軍の上に立つ満洲軍総司令部は、旅順陥落を目指すことが先決であるとし、「二十八珊米榴弾砲」はすべて要塞攻略に利用すべきだと主張した。結局、この対立を解決するために、一一月一四日に異例の形で御前会議が開かれ、そこで、「まず敵艦撃破」のために、旅順港を俯瞰《ふかん》する二〇三高地を占領するという方針が確認された。

以上のように日本の軍指導部がこぞって旅順攻略の作戦をめぐる論争に参加したのは、来たるべき海戦によって戦争全体の勝敗が決まると認識していたからであった。日本がこの海戦で勝利するためには、速やかに旅順艦隊を壊滅することが望まれた。だがそのためには、陸軍が高地から旅順港を攻撃する必要があり、さらにそのためには陸軍は海軍の協力が必要であった。このように、海と陸の戦いは相互に深く結びついていたのである。

沙河の会戦

旅順の攻防が続く中、満洲においても戦闘が続いていた。ここでの変化は、この時期になってようやく、ロシア側が戦争の主導権をとったことである。日本軍が、遼陽から敗走するロシア軍を追撃できず、しかも戦闘後の補充に手間取っていることを知り、ロシア軍指導部は俄然《がぜん》戦闘意欲を取り戻したのである。クロパトキンは、一〇月二日、今やロシア軍は攻勢に出るときが来たと告げた。実際、ロシア軍の兵力はおよそ一九万五〇〇〇人、対する日本軍は一三万一〇〇〇人で、明らかにロシア側が優勢であった（ソ連時代に出たロシアの研究は、ロシア軍一九万四〇〇〇人、日本軍一七万人という数字を挙げている）。

沙河《さか》（しゃか）は太子河に注ぐ小河で、沙河という地点そのものは、この河が南北に走る鉄道と交叉する地点の僅かに南に位置していた。ロシア軍は遼陽の雪辱をはたすために、遼陽の北方に陣を広げていた日本軍を太子河の左岸に押し戻そうとしたのである。

地形的に見て重要だったのは、鉄道が両軍をそれぞれ東と西に分けていたことと、戦闘が最も激しかった鉄道の東側には山間部が広がり、両軍の行動はここでは自由でなかったことである。既に地図のない地点まで進んでいた日本軍はもちろんのこと、ロシア軍もこの山間部については地図を持っていなかった。しかもロシア軍は、鉄道の東側よりも西側に多くの兵力を集めていた。このために、勝敗は必ずしも兵力と気力だけで決まる状況にはなかった。クロパトキンがこの東部方面を攻撃地点に選んだのは、最も頼りとする軍が奉天の東側に配置されていたからであった。

日本軍は遼陽の戦いで消費した弾薬がまだ十分に補充されておらず、ロシア軍南下の報に対応が定まらなかった。これまでのロシア軍の弱さを考えれば、攻勢が望ましいように見えた。しかし装備の不安を考えれば、守勢も止むを得ないと考えられたのである。ようやく七日午後になって、「務メテ兵力ヲ集結シ何時《いつ》ニテモ攻勢ニ転シ得ル如クセント欲ス」という不明瞭な命令を発した。ともかくこれによって、全軍を太子河右岸に集め、中心となす羅《ら》大《たい》台《だい》に第四軍を置き、東方に第一軍、西方に第二軍という布陣をとった。

ロシア軍は五日には撫順《ぶじゅん》方面から日本の第一軍の東端をめがけて進撃したが、非常に慎重に偵察を繰り返したために、なかなか前進しなかった。ロシア側の戦史はこうしたロシア軍の緩慢さが、日本軍に対応する時間を与えてしまったと分析している。

ロシアの西部軍の行動はさらに徹底しなかった。司令官ビリデリングの本来の役目は、日本軍に圧力をかけて、東部軍の攻撃を容易にすることにあったが、同軍は鉄道に沿って僅かに南に下っただけで進撃を止めて、そこで待機する態勢をとった。これではクロパトキンが意図した示威的行動にならなかった。

こうして、日本側がロシア軍の攻撃を確認したのは八日夜になってからであった。日本側はこのとき、ロシア軍が日本軍の最東方に位置する本渓湖《ほんけいこ》めがけて攻撃を開始したと理解した。日本の戦史は、このときから沙河の会戦が始まったとしている。

ロシア軍の攻撃を受けて、日本軍は九日夜になって、翌日から攻勢に転ずることを決めた。この結果、一〇日から各地で本格的な戦いが始まった。第一軍の右翼はこの日は止むことなくロシア軍の攻撃にさらされた。翌一一日には、戦闘はさらに激しいものとなった。戦局は双方ともに厳しい状況が続いたが、ロシア軍の攻撃を担う東部軍司令官シタケリベルグが、一一日から翌日にかけての夜に、自ら始めた攻撃を続けても成功が望めないと勝手に判断して後方に退いたことから、日本軍は全体として優勢になった。日本軍はこれによって、東方面で主導権を奪う機会を得たのである。

一二日になると、ロシア側の西部軍が日本の第二軍に押されて後退し始めた、さらに、ロシア側は東西両軍の中間にできた空隙《くうげき》を日本側の第一軍によって分断される恐れが生じた。もっとも、ロシア側は多大な予備軍を擁していたので、日本軍としても迂闊《うかつ》には前進できなかった。こうして、戦闘は全体として日本が優勢となる状況の中で、各方面で一進一退を繰り返した。

日本側の回想録の中には、砲兵の射撃能力と、砲撃と歩兵の運動を連動させる能力において日本が一歩長じていたことが、この戦闘の勝敗を分けたと主張するものがある。ここでは、戦地に送られてきたロシア兵が十分な戦闘訓練を受けていなかったことが影響したかもしれない。ロシアの兵士たちは、各地から送られてくるとすぐに戦闘に投入されており、砲兵と歩兵の連携作戦を行なうだけの経験を身につけられなかったのである。

しかしこの会戦の帰趨に何よりも影響を与えたのは、ロシア軍全体の連携の欠如であった。

クロパトキンは全軍を統一して動かそうとしたが、実際には彼にはそれだけの力量がなかった。これに対して日本軍の総司令部は、第四軍の中で動きの鈍い第五師団を予備軍と交代させるなど、行動は果断で、指揮系統に乱れを見せなかった。

一七日までに、戦闘は日本軍が沙河左岸近くまで進出した形で小康状態に入った。日本の戦史によれば、二〇日までの戦闘で、日本軍の死傷者は二万四九七人に達した。ロシアの戦史は、ロシア側の死傷者と行方不明者の合計は四万七六九人で、日本側はその半分であったとしている。明らかに、攻勢に出たロシア軍の方に犠牲者がより多く出たのである。

沙河の会戦は、たしかにロシア軍の攻勢を食い止めた日本軍の勝利ではあったが、ここでも日本軍は敵を追い詰める能力がなかった。満洲軍総司令部は、一六日午後六時近くに山県有朋参謀総長から次のような内容の電報を受け取っていた。ちなみに山県は、六月に大山巌が満洲軍総司令官として転出した後、この職務を引き継いでいたのである。

「第二次編成の後備隊は来年二月頃、新設諸隊は五月以降にあらざれば出戦せしむること能はず。野山砲弾薬の補給もまた、十二月以後にあらざれば意の如くならず」

要するに、山県は満洲軍総司令部に、兵員と弾薬の不足から追撃できない事情にあることを理解するよう求めたのである。戦争がまだ続く以上、日本軍は戦闘に勝っても、次の戦闘に備えて行動せざるを得なかった。

旅順の陥落

沙河の戦いが終わった後、日露双方は再び戦闘力の回復に努めた。ロシア側では、すぐには総攻撃ができないので、沙河で出番のなかった騎兵部隊を利用して、日本軍の兵站線を切断する計画が検討された。他方、日本の満洲軍総司令部の中にも、沙河の地形を考えて、もう一度攻勢に出るべきだとする意見が浮上した。しかしこれは東京の大本営の許すところとならなかった。この時点で大本営の注意は、すべて旅順に向けられていた。

まさにそのことを示すように、一一月一九日、山県参謀総長は乃木第三軍司令官に宛てて、以下のごとき文面の電報を送った。

満洲軍総司令官から、貴軍が近く望台《ぼうだい》一帯の高地を占領するために攻撃を行なう旨の知らせを受け取った。「思う《ママ》に此一挙は、神速果敢に遂行し、敵をして回復抵抗の余地無からしむるを要す。若しそれ再び不成功に了《おわ》らんか。弾薬その他の関係上、爾後《じご》の再挙を計るの機容易に来《きた》らざるべく、北方に対しては漸《ようや》く彼我の均勢を失し、バルチック艦隊に対しては益々その東航を急がしむる理由となり、十二月上旬以後、我海軍新来の敵艦に備《ママ》える準備上已むを得ず、その封鎖艦艇の大部分を引き上ぐる時は、敵は再び海上の交通を復活し、弾薬、糧食を輸入し、攻城は益々困難となり、大連湾の防備もまた危う《ママ》からんとす。今や旅順の攻略は実に一日を争う《ママ》の時機にして、その成否は陸海作戦利弊の岐《わか》る所、国家安危の関する所なるを確信す。老兄の御苦心を察し御健康を祝い《ママ》、敢《あえ》て腹心を聞き、その所見を問ふ」(なお、この電報についてはよく似た二種類の文面が伝えられている)。

　これにより山県は、乃木に対してなんとしても旅順攻略を成し遂げるよう求めたのである。文面は現在から見ると非情だが、山県なりのエールだったとみなすべきかもしれない。

　こうして一一月二六日早朝、旅順要塞の東部方面で日本軍の攻城砲が砲火を開き、その数時間後には容赦のない突撃作戦が始まった。日本軍の攻撃はこの日夜遅くまで繰り返された。しかしロシア軍の守備隊も必死に防戦し、これを次々に撃退した。この状態を見て、第三軍司令部は、攻撃目標を、旅順港を見下ろす二〇三高地に絞ることにした。その攻撃は二七日朝から始まった。

　しかし、ロシア側も既に五月には二〇三高地の戦略的重要性を認識していたので、鹿砦《ろくさい》(陣営周囲にめぐらせた障害物)、深い内壕《ないごう》、堡塁の銃眼掩蓋《えんがい》、鉄条網、交通壕と、あらゆる手段を使ってこの地点の防備を固めていた。このために、その奪取は困難をきわめた。日本軍は既に掘り進めていた対壕《たいごう》を使い、また「二十八珊米榴弾砲」を集中して、突撃を繰り返した。旅順に到着したばかりの第七師団も、この攻撃に投入された。多大な犠牲を出してもなお攻略できない状況に、たまりかねて児玉満洲軍総参謀長が遼陽北方の烟台《えんだい》から旅順に来て、指揮をとる事態になった。結局、日本軍は一二月五日にようやく二〇三高地を占領した。

すぐに山頂に観測所が設けられ、その観測にしたがって港内のロシア艦船に向けて「二十八珊米榴弾砲」の砲撃が開始された。砲撃は翌日も続いた。こうして四日間の砲撃によって、旅順港内に残っていた艦船は次々に破壊されていった。ここで「二十八珊米榴弾砲」が実際にロシア艦船の厚い鋼板を射抜いたのか否かを議論することは、あまり生産的ではない。このとき「二十八珊米榴弾砲」に期待されたのは、港にある艦船を軍艦として使用不能にすることであった。この観点からすれば、二〇三高地からなされた砲撃は絶大な成果を挙げた。戦艦「ポルタヴァ」「レトヴィザン」「ペレスヴェト」、巡洋艦「パルラーダ」などが破壊され、あるものは沈み、あるものは傾いて航行不能となった。ただ戦艦「セヴァストーポリ」のみが出港して血路を開こうとし、日本艦隊との戦いを続けた末に一六日に撃沈された。

二〇日に、東郷は乃木と会った。そして翌日、彼は大本営に、旅順港における封鎖作戦が終了したと報告した。連合艦隊は第三軍の敢闘に助けられて、またバルト艦隊の緩慢な航行を利用して、次の最大の海戦に備えるための時間的猶予を得たのである。

他方、旅順要塞を守るロシア軍から見ると、一二月五日の二〇三高地の失陥《しっかん》は衝撃であった。港を失えば、もはや要塞としての機能はないに等しかった。今や旅順要塞の攻防に残されていたのは、その運命が両国の国民に与えるシンボルとしての意味であった。このために五日以降も戦闘が続けられた。

一二月半ばの時点で、ロシア軍は旅順に、守備隊と海軍兵士をあわせて一万三五〇〇人から一万四〇〇〇人の戦闘員を有していた。彼らは長期にわたる戦闘と食糧の不足から、かなり疲弊していた。壊血病も広がっていた。一五日に、そうした彼らを叱咤《しった》激励して、防戦に駆り立てていたコンドラチェンコ中将が戦死した。防衛策を協議していたところに日本軍の砲弾が命中したのである。それはロシア軍の士気にさらに打撃を与えた。

一八日、日本軍は東鶏冠山《ひがしけいかんざん》の北堡塁正面の下に穴を掘り、そこに爆薬を仕掛けて胸壁を破壊した。ロシア軍守備隊が、ここにできた穴を埋めようとしたが、日本軍は猛烈な砲撃でそれを許さなかった。こうして日本軍はこの地域を占領した。ロシア側戦史は、この日だけで日本軍は八〇〇人、ロシア側は三〇〇人以上を失ったとしている。

その後しばらく、ロシア側のいう第一一堡塁、日本軍が二龍山《にりゆうさん》堡塁と呼ぶ堡塁は、岩床のために爆破できなかった。しかし日本軍は二八日にようやくここも破砕し、突撃

ステッセルから乃木に贈られた愛馬

隊を突入させた。ロシア軍がこれを撃退しようとしたが、日本軍の機関銃がその動きを封じた。

こうした状況を受けて、二九日に要塞司令官ステッセルは防衛会議を招集した。だが集まった者は戦闘の続行を求めた。三一日に、日本側が松樹山《しょうじゅざん》堡塁と呼ぶ堡塁を爆破した。その後、日本軍は苦戦することなくこの堡塁を奪取した。その後も戦闘は各所で継続していたが、ステッセルはもはや勝敗は定まったとみなし、一月一日、日本軍に降伏の申し出を伝える軍使を送った。こうして翌二日に、水師営《すいしえい》で降伏文書の調印がなされた。

ソ連時代の戦史は、この降伏はステッセルとその幕僚の裏切り行為であったとし、旅順要塞を守り続けた兵士たちは降伏するつもりなどなかったと書いた。要塞守備隊が全滅するまで戦うつもりであれば、まだ戦闘を続行できたのは事実であった。弾薬も食糧もまだ残っていたのである。しかし、こうした解釈には第二次大戦を経験したロシア人の視点が色濃く反映していたようにも思われる。日露戦争の時代のロシア軍は、捕虜になることをソ連時代におけるほど不名誉で絶望的なことと考えていなかったのである。

ともあれ、日本の戦史によれば、第一回の総攻撃の準備を始めた七月三一日からこの日までの旅順攻防戦において、日本軍は後方部隊を含めて約一三万人が参加し、そのうち五万九〇〇〇人が死傷した。ロシアの戦史は対応する時期の死傷者数を示していない。代わりに、二月の開戦以来の旅順の攻防で、ロシア側では行方不明者を含めて三万一二九五人が死傷、その他三〇〇〇人以上が病死したとしている。これに対応する日本軍の死傷者数は、約一〇万人だったとしている。旅順の攻防戦は、まさに大消耗戦としての日露戦争の姿を凝縮して示していた。

難攻不落と見えた旅順要塞が陥落すると、戦況は明らかに日本有利になった。第二太平洋艦隊は、もはやウラジヴォストークに直行するか、あるいは、そのまま連合艦隊と戦うかという選択しか許されなくなったのである。後者はロシア艦隊にとって、戦術的にきわめて望ましくなかった。しかし、それを回避するには、よほど巧みにその進路を隠す必要があった。

第七章　終　局

二つの国際関係

戦争が長引くにつれて、日露両国をめぐる国際関係においても大きな変化が生じていた。もともと欧米諸国では、日本がロシアと互角に戦うと予想する者は少なかった。たとえば戦争勃発とともにアメリカに渡って外債を募ろうとした高橋是清《これきよ》（日銀副総裁）は、回想の中で、そこでは戦争が「豪胆な子供が力の強い巨人に飛びかかった」ものとして受けとめられていたと述べている。このような見方はごく一般的なもので、ロシアと同盟関係を結ぶフランスでは、デルカッセ外相が、開戦直前まで、アジアの新興国日本がヨーロッパの大国ロシアに戦いを挑むはずはないとみなし、日露間の和解に努めていた。イギリスの外交専門家も、戦況が日本に不利になる事態を想定して自国の対応策を協議していた。

このように、日本が不利だと考えられていたときに、日本の指導者は東アジアにおいて着々とその地歩を固めていた。すなわち、一九〇四年二月二三日に、日本は韓国との間に議定書を調印した。そこでは、日本は韓国の独立と領土保全を保証するとしつつ、第三国（ロシアを指す）の侵害、もしくは内乱によって「大韓帝国ノ皇室ノ安寧或ハ領土ノ保全ニ危険アル場合ハ、大日本帝国政府ハ速《すみやか》ニ臨機必要ノ措置ヲ取ルヘシ。而《しこう》シテ大韓帝国政府ハ、右大日本帝国政府ノ行動ヲ容易ナラシムル為メ、十分便宜ヲ与フル事」（第四条）と規定されていた。これによって日本は韓国を同盟国とし、同国内での用兵権を確保したのである。既に述べたように、これ以前に日本はかなりの規模の軍隊を韓国に上陸させていたが、この点については、日本政府は説明らしい説明を与えなかった。

清国に対する日本の対応は、これよりもはるかに洗練されていた。開戦前から小村外相たちは、来たるべき戦争で清国を対露作戦に参加させる選択と中立にとどめる選択のどちらが望ましいか検討していた。彼らの出した結論は、清国を加えれば欧米列国にも影響を与え、介入の機会を与えるので、中立が望ましいというものであった。こうして日本政府は、清国政府に中立の布告を出すよう働きかけ、二月一二日にその布告が出た後も一貫して中立を守り続けるよう促した。欧米諸国の中には、日本人は中国人と手を結び、ロシア人に対抗するかもしれないという黄禍論が存在していたことを考えれば、こうした原則的な対応は欧米諸国において日本の立場に理解を得るうえで重要であった。

国際舞台における日本のこうした行動に比して、ロシア側のそれは十分に考え抜かれたものではなかった。ロシアの駐韓使節は、韓国が一方的に日本の影響力のもとに置かれたことに抗議するだけで、具体的に日本の行動を妨害する行動をとらなかった。さらに清国に対しては、もともとロシア軍の満洲における居座りがこの戦争の発端にあったので、日本のように、清国の利益のために自国に友好的な中立を守るよう求めることができなかった。こうした負い目もあって、ロシア政府は清国政府が中立を厳格に守らず、日本を密かに支援しているのではないかとする疑念を抱き続けた（たしかに日本は満洲の馬賊を利用したが、彼らは清国を代表するものではなかった）。その一方で、ロシア政府も満洲への派遣軍も、清国の政府と満洲の住民から友好的な対応を得るための努力をほとんどしなかった。

ロシア政府の行動は、東アジアばかりかヨーロッパでも稚拙であった。こちらの方面でロシアに痛手を与えたのは、イギリスとフランスが四月八日に調印した協商協定であった。これはモロッコとエジプトを結びつけ、前者をフランスの、そして後者をイギリスの自由行動地域とすることで、両国関係の改善を図るものであった。

日露戦争の最中《さなか》にあったロシアにとって最も望ましい国際的枠組みは、日清戦争後の三国干渉のときと同じような、フランスおよびドイツとの協力関係を生み出し、日本に対抗するというものであった。しかしイギリスとフランスの協商協定は、ドイツを主要国の枠組みからはじき出した。この後、モロッコ問題をめぐってドイツがフランスと対立を強めるようになり、三国干渉のときの国際的枠組みを復活することは困難になったのである。

それだけではなかった。ロシアにしてみれば、英仏協商は、露仏同盟というこの時期のロシア外交の基軸が、日英同盟に対抗する力を持たないことを明らかにした事件であった。英仏協商とは、ロシアから見れば、自国の同盟国（フランス）が、敵国（日本）の同盟国（イギリス）と友好関係を築いたことを意味するが、それは自国の同盟国（フランス）の側が相手方に歩み寄ったことを意味した。フランスは、ロシアの戦費調達のために国債発行を援助したが、ますますイギリスとの関係に配慮するようになったのである。

この状態では、ロシアとしては、フランスがロシアの第二太平洋艦隊のために、その植民地を利用して、接岸、補給、修理などの便宜を供与するだけで満足する以外になかった。しかしニコライ二世は、フランスはロシアに十分な援助を与えていないと受けとめ、ドイツに接近していった。この感情的反応は何も生み出さなかった。彼は、一〇月末にドイツ政府がイギリスに対抗することを目指した独露同盟案を提示すると、これにフランスを加える最初の構想に戻った。しかし一九〇四年末になると、もはやそれはまったく不可能となった。露仏同盟は内容を薄め、独露同盟案があてもなく漂う状態になったのである。

以上からわかるように、東アジアにおける国際関係でも、ヨーロッパにおける国際関係でも、ロシアは外交的配慮の不足から戦争を支援する態勢を生み出せなかった。それは、欧米諸国に対しては分をわきまえた新興国として振る舞い、東アジアでは巧みに自己の地歩を固めて影響力を増していた日本と対照的であった。こうした状況は、戦争の終局が近づくとき非常に大きな意味を持った。

ロシア国内の混乱

一九〇四年の秋以降になると、ニコライ二世は国内でも困難な問題に直面するようになった。満洲から悪い知らせが届くにつれて、軍ばかりか政治の指導層にも非難が向けられるようになった。責任追及の声は、九月にツァーリによって新たに内相に任命されたスヴャトポルク＝ミルスキーが自由主義的な政策を採ったことから、かつてなく明瞭に発せられるようになった。ニコライ二世は、自由主義的傾向を持つ人物をあえて登用することによって、かえって体制批判勢力を強めてしまったのである。

この状況で最初に動き出したのは、ポーランドなど帝国の周辺部の人々であった。こうした地域では、ロシアの敗北の報せを歓迎する風潮さえ見られるようになった。

体制にとってより大きな打撃となったのは、文化人や地方自治組織に基盤を置く地方有力者が政府の責任を追及し始めたことである。彼らは無能な政治と軍事の指導層に苛立《いらだ》ち、自分たちの声を聞くよう求めた。そのためにロシアは立憲体制に移行し、政治権力と社会との関係を欧米諸国のようにすべきだと主張した。政治的権利を何も持たない多数の人々が、国家のために戦場に赴いている状況では、こうした民主化の要求は社会の支持を受けやすかった。こうして、文化人や地方有力者たちは、半ば公然と集会を開き、政治問題を討議するようになった。

さらに首都の学生たちも行動し始めた。彼らは一二月になって、ペテルブルグの目抜き通りでデモを挙行した。デモ行進で掲げられたスローガンは、「戦争中止」や「専制打倒」などであった。デモの参加者はさして多くなかったが、体制側は騎馬巡査などを動員してこれを鎮圧した。しかし、これによって学生たちの政府批判の姿勢が弱まることはなかった。

こうして政治的意識が高揚してきたときに、旅順陥落の報が届いた。人々は指導者の無能ぶりをいっそう強く意識するようになった。政治体制に対する不満が広がり、社会は非常に不安定になった。折から首都の工場で組合活動をしていた数人の労働者の解雇事件が起こり、それをきっかけに首都で一万数千人の労働者が参加するストライキが始まった。労働者の権利を守れという単純な要求が反響を呼び、ストの参加者はさらに増えていった。

この動きが拡大する中で、一九〇五年一月二二日の日曜日に、人々は正教会の司祭ガポンを中心に結束し、ツァーリに請願するために冬宮に向けて行進を始めた。この時期になると、彼らの願いは労働条件の改善ばかりか、政治的権利の付与にまで及んでいた。数万人規模の人々が参加する実力行使は、政府を狼狽《ろうばい》させた。軍隊まで動員して弾圧しようとしたが、それは簡単にはできなくなっていた。結局、冬宮前広場まで来たデモ行進は、歩兵部隊による発砲と騎馬部隊の突入によって粉砕された。これがいわゆる「血の日曜日事件」である。

ツァーリのもとに救いを求めて来た人々を軍隊が射殺するという事件は、たちまちロシア全土を揺るがした。ストライキが広がり、その動きを押さえつけるために、家宅捜査や不満分子の逮捕が続いた。首都の工場は一週間も経たないうちに操業を開始したが、体制批判の声は国内のいたるところで支持者を見いだした。こうした状態では戦争に対する国民の支持はほとんど期待できなくなり、次第に戦争の終結を望む声が強まっていった。

中途半端な逆襲

ロシアの国際的苦境も国内の混乱も、さしあたりは満洲の広野で冬を迎えた日露両軍に影響を与えなかった。両国の軍は、時に零下一五度にまで下がる厳寒の中で、塹壕を掘り、防備を固めて対峙していた。適当な住居が少なかったので、両軍とも兵士は穴を掘って、薪《たきぎ》を燃やし、炭火を焚《た》いて暖をとりながら生活した。この状況で日本の満洲軍総司令部は、翌年解氷期になされる決戦ですべてが決まると判断し、気を緩めていた。

しかし、ロシア軍は雪辱を期していた。特に沙河の会戦にほとんど参加しなかった騎兵部隊の指揮官は、日本軍の後方で鉄道を襲えば、第三軍が旅順から北上するのを妨害できると考えた。鉄道線の西方が平坦《へいたん》で騎兵の活動に向いていたことも、この作戦を容易にするように思えた。こうして、ミシチェンコ将軍の率いる大規模な騎兵部隊が一月初頭に密かに南下し、一二日に営口周辺で鉄道と倉庫を襲撃した。しかし彼らが破壊した鉄道は日本軍によってすぐに修理され、この作戦は意表を衝いた割には成果を挙げなかった。

ロシア軍の逆襲はこれでは終わらなかった。西方から次々に軍と物資が奉天に集中し、兵力は二五万人を超える規模にまでなっていた。こうした新手の軍の到着は、そのまま指導部に攻撃を促したのである。こうしてクロパトキンは、増強された軍を、左翼に第一軍、中央に第三軍、そして右翼に第二軍という形に編成替えし、攻撃計画を立てた。今回の計画は、まずグリッペンベルグ将軍の率いる第二軍が日本軍左翼の中心に位置する沈旦堡《ちんたんほ》（ロシア側はサンデプと呼んでいた）を奪取し、その後に、第一軍と第三軍がそれぞれの方面で攻撃に入るというものであった。

大山と児玉の総司令部はロシアの動きを完全に見誤っており、一月二四日からロシア軍が渾河《こんが》を越えて攻撃に出ると、このロシア軍の総数を約二個師団程度とみなし、第八師団を派遣した。しかしロシア軍は歩兵だけで九万人を超える規模であり、一個師団の軍で対抗できるものではなかった。こうして、二五日夜には黒溝台《こっこうだい》がロシア軍によって占領された。しかし他方でロシア軍も、東方に配備されていた秋山好古《よしふる》少将の率いる部隊を過大に評価し、攻撃作戦を慎重に進めた。このために、彼らは黒溝台から沈旦堡方面に向けてゆっくりと進み、増援のために送られた日本軍の反攻を招くこととなった。

ロシア側の計画では、第二軍の沈旦堡の占領をもって次の作戦に入ることになっており、それまで第三軍も第一軍も第二軍の行動を積極的に助けようとしなかった。この結果、日本の満洲軍総司令部は、攻撃されていた左翼方面に、第五、第三、第二師団を集結する時間的余裕を得た。ロシア側にとっては、この連携の悪さが致命傷になった。

それでも、これまでの攻防と異なり、すぐには日本軍は勝利できなかった。三日間、この方面で両軍は激しい戦闘を続けた。二七日にはロシア軍がいったんは蘇麻堡《そまほ》を占領し、そこから北東にある沈旦堡まで支配が及ぶかに見えた。しかし日本軍も猛烈に対抗し、この拠点を奪い返した。結局、二八日夜に、クロパトキンは電話で第二軍の司令部に撤退を命じた。これによってロシア軍は、何も得ることなく攻撃開始地点まで引き下がった。

日本の戦史によれば、この戦いに参加した日本側の戦闘総員は約五万四〇〇〇人で、ロシア側のそれは一〇万五〇〇〇人であった。また死傷者は、日本側が約九三〇〇人、ロシア側が約一万二〇〇〇人であった。死傷者の数については、ロシア側の戦史もほぼ一致している。ロシア軍の中では、この失敗の後に、責任を押し付けあう司令官の間で対立が起こった。最終的に第二軍の司令官であったグリッペンベルグが辞表を出し、戦線を去った。この状況は、ロシア国内の混乱と結びつき、ロシア軍の戦闘意欲を減退させた。

奉天の会戦

黒溝台でロシア軍の逆襲を招く直前に、満洲軍総司令部は、ロシア軍との決戦を前倒しで行なうことを決めていた。一月末までにロシア軍の逆襲を撃退すると、満洲軍総司令部はこの一大作戦を具体化していった。ロシア軍の士気の沮喪《そそう》と日本軍の兵力増強を考えると、決戦は早い方が望ましいと考えたのである。

国際的には、旅順の陥落が知れ渡って、日露講和の可能性が各地で議論されるようになった。これまで戦争の継続について曖昧な態度をとっていたドイツ皇帝ヴィルヘルム二世も、仲介役を買って出ていたアメリカのルーズヴェルト大統領に対して、一月半ばに、日本の領土要求のない形での講和が締結されるよう働きかけるべきだと伝えた。もとよりニコライ二世はこうした議論に耳を傾けようとしなかったが、欧米諸国はもはや戦争における日本の有利は動かないと見て、ロシアが受け容れる講和条件を検討し始めたのである。

　しかしこうした動きをことさらに無視するように、満洲軍総司令部は二月二〇日に各軍司令官を集めて、次の会戦こそ「日露戦争の関ヶ原」であるとする訓示を与えた。来たるべき戦闘では、敵も死に物狂いの勢いで戦うので、偵察戦に注意し、各軍がその任務を全うし、また砲撃は有効に行なうべしというのが、ここで示された具体的な指示であった。

　日本軍の攻撃計画を支えていたのは、第一にその兵力の充実であった。この時期の日本軍は、最右翼に、一月に川村景明《かげあき》を司令官として編成されたばかりの鴨緑江軍、最左翼に旅順陥落後に北上し、再編された第三軍、中央西に第二軍、中央に第四軍、中央東に第一軍という配置で、総兵力二五万人、砲九九二門、機関銃二六八挺よりなっていた。

　これに対するロシア軍は、ソ連時代の戦史によれば、右翼（奉天の西方面）に歩騎兵九万一七〇〇〇人を擁する第二軍、中央に歩騎兵六万七〇〇〇人からなる第三軍、左翼（奉天の東方面）に歩騎兵一〇万六五〇〇人からなる第一軍、これに右翼の背後に騎兵隊約七〇〇〇人、左翼の背後に歩兵約八〇〇〇人、そして奉天南方に予備兵力があり、総歩騎兵力二九万二三〇〇人、砲一三八六門、機関銃五六挺という陣容であった。

　ここからわかるように、兵力ではたしかにロシア軍の方が優勢であったが、機関銃では日本軍が相当に上回っており、兵力の差はさほど大きくはなかった。満洲軍総司令部は、時間がたてばロシア軍がさらに優勢になること、そして、ロシア軍の配置が、東西一五五キロメ

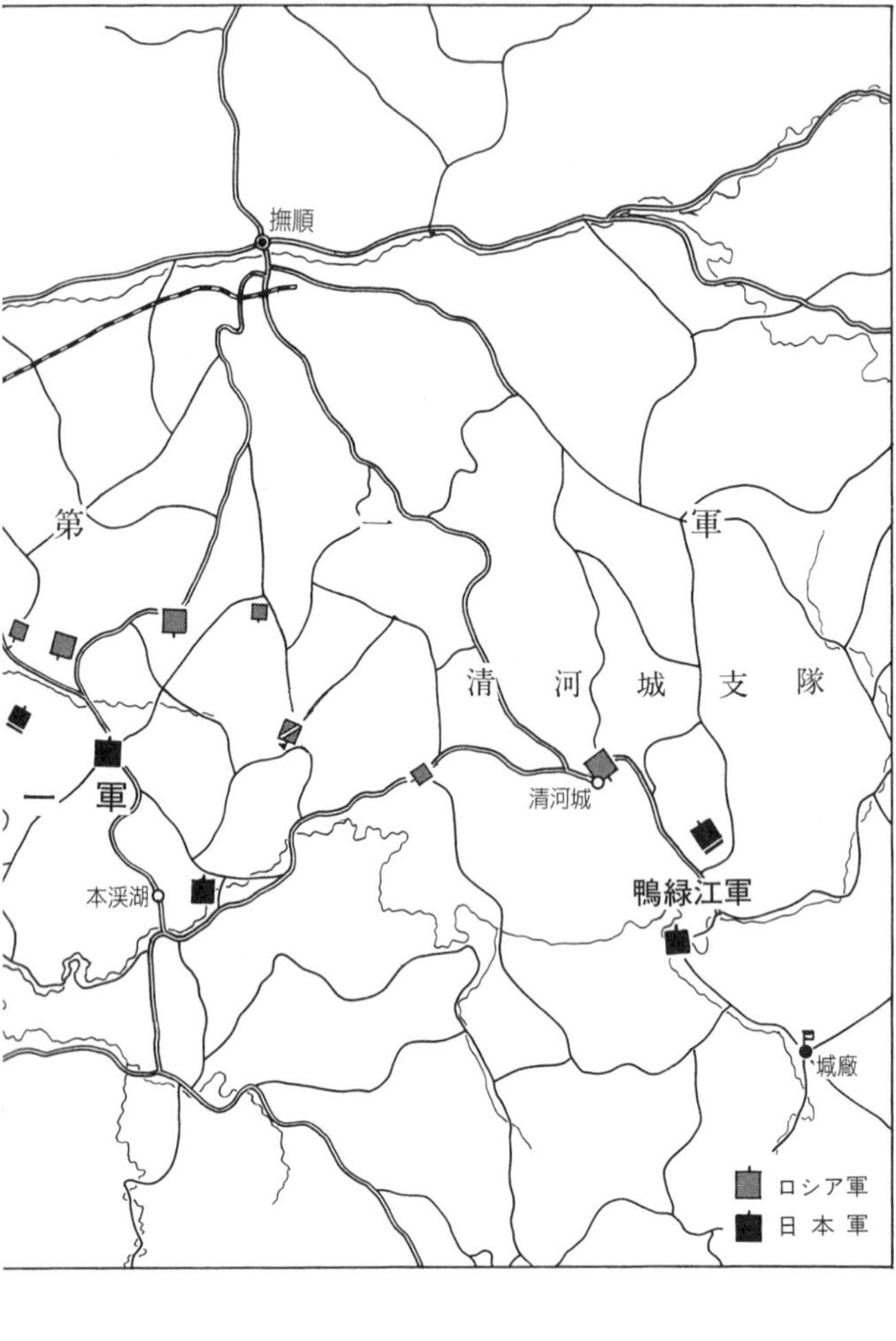
撫順
第
二
軍
清　河　城　支　隊
一
軍
清河城
本渓湖
鴨緑江軍
城廠
ロシア軍
日本軍

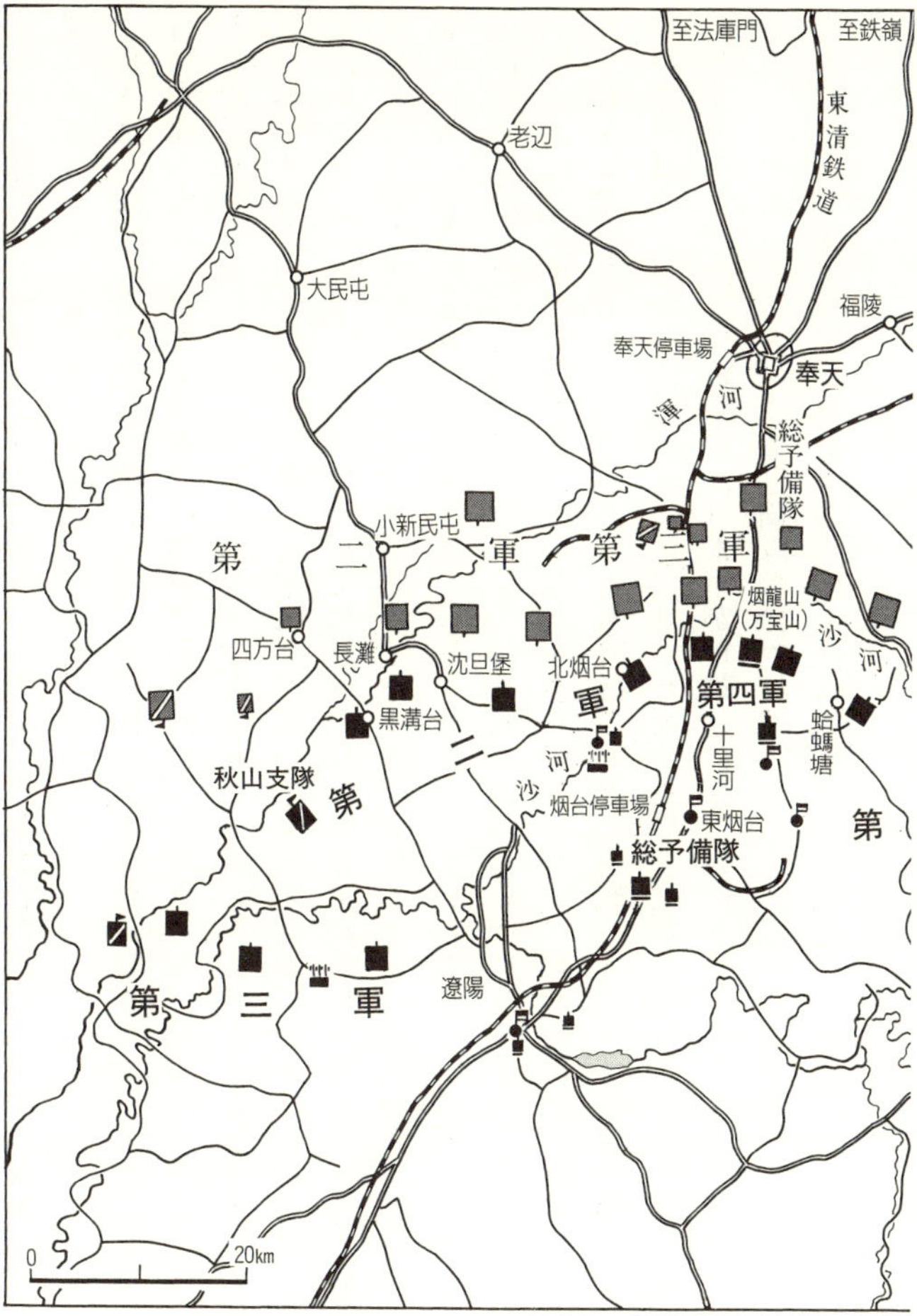

奉天の会戦関係図（1905年２月20日ごろ．『明治卅七八年日露戦史』第八巻附図を参考にした）

ートル、深さ一五キロメートルに展開しており、攻撃された地点にすぐに援軍を送れない状況にあることを計算に入れていた。

日本軍の攻勢計画を支えた第二点は、その作戦にあった。日本軍はここで、まず二月二二日に右翼の鴨緑江軍を奉天東方の撫順方面に向けて進撃させた。同軍は二四日には山道を越えて清河城《せいがじょう》を占領し、ロシア側の第一軍を牽制した。続いて、二七日から中央での猛烈な砲撃を開始するとともに、最左翼の乃木希典が率いる第三軍を西に大きく旋回させ、奉天北方に向かわせた。クロパトキンは、正面の整備された防衛線の外側を回る日本軍の動きに翻弄《ほんろう》された。当時の用兵では「迂回するものはよく迂回される」といわれたが、クロパトキンは前年八月の遼陽の会戦以来中途半端な采配を繰り返していたので、日本軍にこうした大胆な迂回作戦を許したのである。これによって、兵力の差はいよいよ小さなものとなった。

第三点は、両軍の士気にあった。敗北を重ねてきたロシア軍の中には、常に受け身で、自信を失う部隊が出ていた。たとえば日本軍は、奉天の会戦に先立って各数十騎よりなる挺進隊を二隊編成してロシア軍の後方に送り、長春《ちょうしゅん》付近の鉄橋で破壊活動を行なった。この動きが知れると、後方部隊の中に日本軍が攻撃してきたという噂が広がり、パニック状態が生じた。二万五〇〇〇人の鉄道警備隊では対抗できないという報告がクロパトキンのもとに提出され、あわてて奉天から数十の大隊が後方警備に送られたのである。

また、鴨緑江軍の中核部隊が旅順を戦い抜いた第一一師団であることが判明すると、こちらを守るロシアの第一軍の中に、日本軍はこの方面で決定的攻撃に出たのではないかという不安が広がった。そこでクロパトキンは、隣に位置した第二シベリア軍団の一部と予備軍として残された第一六軍団の一部などの部隊を送り、同地を守る第一軍の強化に努めた。東側でのこの動きで、日本軍が期待していた西からの迂回作戦は非常に楽になった。乃木は、満洲軍総司令部の厳命を受け、第三軍を西に弧を描きつつ北上させた。

部隊の中の不安な気分は、大規模な戦闘経験の乏しいロシア軍の指揮官を混乱させた。ここで特に能力のなさを露呈したのは、日本の第三軍に対抗してロシア側の右翼を固めていた第二軍司令官カウリバルスであった。彼は、黒溝台の戦闘の後に首都に戻ってしまったグリッペンベルグの後任として、この重要な職務に就いていたのである。

カウリバルスの失敗の第一は、三月三日に、長く延びた第三軍の横腹を攻撃する絶好の機会が生じていたにもかかわらず、日本軍第七師団（第三軍の一部）に対して善戦していたトポルニン中将の部隊を撤退させ、戦線を縮小したことであった。ロシア側の戦史によれば、ロシア軍はここで「敵の生きた力と戦わず」、奉天に至る通路を守ることを重視したのである。これによって第三軍はさらに北上し、ロシア軍の背後に向かうことができた。

カウリバルスの第二の失敗は、いよいよ日本軍が奉天に迫ってきた三月六日に見られた。

クロパトキンは前日に、これ以上第三軍を背後に回らせると、ロシアの全軍が北方と切断されると考え、カウリバルスに全力を挙げて攻撃するよう命じた。しかしカウリバルスは情勢判断を誤り、軍の配置を誤った。ロシアの戦史の中には、クロパトキンが直接ここに赴いて攻撃を組織すべきであったと説明するものもある。

日本の総司令部は、この間も他方面の各軍を督励し、進撃を促し続けた。だが、黒木為楨《ためもと》の率いる第一軍はロシア軍の前にほとんど進むことができなかった。野津道貫《みちつら》の率いる第四軍も万宝山《まんぼうざん》に対して砲撃と突撃を繰り返したが、なかなかこれを落とすことができなかった。ただ奥保鞏《おくやすかた》の第二軍だけは、日本の第三軍に対抗するために一部の軍を振り向けて手薄となっていたロシア側右翼（第二軍のラウニッツ将軍指揮下の部隊）を圧迫し、後退させていた。

こうした状況に、三月七日、クロパトキンはもはや全軍を挙げて第三軍とこれに連なる第二軍に対抗する以外にないと判断し、左翼の第一軍と中央の第三軍を渾河右岸に撤退させた。この動きは日本側の鴨緑江軍、第一軍、第四軍の攻勢を勢いづかせ、さらにロシア側の戦況を悪化させた。結局翌八日にクロパトキンは全軍撤退の命令を出し、これを受けて同日から九日にかけて、ロシア軍は次々に北に向け退却した。ニコライ二世はこの知らせを受けてクロパトキンを総司令官の職から解任したが、まだ戦争をあきらめなかった。後任の総司令官にはリネヴィッチ将軍が任命された。

捕虜

日本側の戦史によれば、奉天の会戦での日本側の死傷者は七万二八人、ロシア側のそれは約九万人に及んだ。両軍あわせて五六万人ほどが参加していたので、そのうちの三割の人々が死傷したことになる。この数は、援軍を生み出すことが困難になりつつあった日本でも、また国内の騒乱が広がっていたロシアでも、戦争の終結を促す圧力となった。

ところで、この会戦のもう一つの特徴は、ロシア側が多数の捕虜を出した点にあった。奉天で捕虜となったロシア人の総数は日本の戦史によれば、二万一七九二人であった。『明治卅七八年戦役陸軍政史』付録「露国俘虜《ふりょ》捕獲総数表」では捕虜数を二万七三二人としているので、この数字はほぼ正確だといえよう。差の一〇〇〇人ほどは、何らかの理由で解放された者か、収容所に輸送されるまでに死亡した者であろう。

同表に従って時期別に「俘虜捕獲」の実態を見ると、日本軍が最も多く捕虜を捕えたのは「旅順開城」のときで、その数は四万三九七五人にのぼった。これは陸と海で包囲された要塞の陥落であったこと、またステッセル要塞司令官の早い時期の決断で降伏したことを考えれば、別に不思議はなかった。しかし奉天の会戦のときのように、対峙した軍同士の戦いで、しかも日本軍の包囲が完成されなかったことを考えると、二万余人という数字は多すぎるように思われる。それ以前の同様の戦いで見れば、遼陽の会戦の際に捕虜となったロシア兵は一一二七人であり、その他では、九連城の戦いで五九四人、得利寺の戦いで四八五人という具合であった。ロシア軍の捕虜が急激に増えたのは旅順の陥落以降のことなのである（この後、日本海海戦時に約六一〇〇人、樺太戦で約四七〇〇人のロシア人が捕虜になったので、ロシア軍捕虜総数は七万九〇〇〇人余りであった）。

奉天の会戦で捕虜がこれほど出たのは、ロシア軍の中に戦争を厭《いと》う気分が広がっていたことと無縁ではないであろう。奉天の会戦後にロシア軍の捕虜収容にあたった担当官は、ロシア人について「一般ニ酷待《こくたい》セラレザルヲ信ジ、安心セルモノノ如ク、毫《ごう》モ憤怒、恐怖ノ心ヲ表ハサズ、能《よ》ク其ノ命スル所ニ従ヒ、少シモ反抗ガマシキ挙動ナク、能ク静粛ヲ保テリ」と報告した。厭戦《えんせん》感に捉われ、また捕虜厚遇の噂を耳にして、ロシア兵は投降を選択したものと思われる。逆にロシア軍の捕虜となった日本人は、二一〇〇人弱であった。

ちなみに、この戦争における捕虜の取り扱いが、第二次大戦中に広く見られた捕虜虐待と異なっていたのは、ニコライ二世が主唱した一八九九年のハーグ国際平和会議で定められた「ハーグ陸戦規則」が、ここではまだ生きていたからである。日露両国が捕虜に関して定めた規則も「ハーグ陸戦規則」に則っていた。これにより、日本側は一九〇四年二月に、またロシア側は六月に、俘虜情報局を設置し、九月以降、両国政府はこの部局を通じて捕虜となった者についての情報を定期的に交換した。また、ロシア人捕虜についてはフランス政府の、また日本人捕虜についてはアメリカ政府の代表が、それぞれロシア政府と日本政府の意を受けて捕虜収容所を訪れ、その扱いについて陰に陽に圧力をかける仕組みを創り上げていたのである。

特に後の時代の対応と異なっていたのは、抑留した者に強制労働を課さなかったことである。もとより、そうしたことが許されないと考えて、そうしたわけではなかった。日本の俘虜取扱細則の第一五条には「労役及其ノ賃金ニ関スル規定ハ必要ニ応シ別ニ之ヲ定ム」と規定されていたし、ロシアの日露戦争俘虜取扱仮規則の第一二条にも「俘虜ハ其官位ト技能ニ応シテ各種ノ作業ニ使役セラルルコトアルヘシ」と定められており、双方とも労働を課する用意をしていたのである。しかし、日本側もロシア側も、第二次大戦中のような過酷な強制労働を課すことはなかった。

もっとも、両国政府が捕虜を虐待しなかったといっても、それはあくまで収容所に輸送した後のことであって、戦場においては、日露双方において、抵抗できなくなった捕虜から金品を盗んだり、あるいはさらに彼らを殺害したりするという事件が起きていた。おそらく、戦争の期間が短かったこと、そして、清国と韓国という第三国が戦場であったために、戦闘員と非戦闘員の区別がつかなくなる状況が生じなかったことが、こうした事件を僅かにしたのである（ロシア軍捕虜の殺害事件が生じた事例として知られる一九〇五年夏の樺太戦では、ロシア兵は残虐なダムダム弾を使用したり、一般住民と区別がつかない服装をした義勇兵を加えたりしていた）。

ともあれ、双方の政府は、戦争は国家間の政治的関係であって、それぞれの国民との関係で生じたものではないので、軍を離れた人々については、敵意を持つことなく対処しなければならないとする姿勢を維持したのである。

日本海海戦

奉天の会戦が終結すると、政治と軍事は再び緊密に結びついていった。会戦終結後、大山満洲軍総司令官は、大本営に、今後の戦略は政策と一致させねばならないとして、満洲軍は守りに入るのか、あるいはさらに進撃するのか、明確な方針を立てるよう迫った。

山県参謀総長はこの提議を受けて熟慮し、三月二三日に「政戦両略概論」をまとめた。そこで山県が示した見通しは、ロシアはその自負心からしても、また、なお十分強大なる軍を保有している事実からしても、まだ講和を乞《こ》う状態ではないというものであった。山県は、「哈爾賓《ハルビン》を奪ひ、浦潮斯徳《ウラジヴオストーク》を陥るるも、未た以て敵に致命傷を与へたりとは云ふへからず」として、「今後数年間の戦争」を覚悟すべきだと説いた。

三月三一日に立案された作戦方針も、哈爾賓、ウラジヴォストークとカムチャツカ半島の三点を奪取することを目標として定めていた。しかしこれは満洲軍総司令部には、過大な目標としか見えなかった。そこで児玉総参謀長が上京し、上層部において速やかに講和を目指すべきことを説いた。こうした努力の結果、四月八日の閣議で、持久の策を立てるとともに、事情の許す限り講和を目指すことが決定された。しかし、ロシア側には、山県がいうように、まだ多大な兵力を動員する能力があった。こうして、第二太平洋艦隊と連合艦隊の決戦は不可避となった。

ロジェストヴェンスキー海軍中将（航海中に少将から昇進した）に率いられた艦隊は、マダガスカルに着いた後に旅順陥落の報を受け取った。それは明らかに、来たるべき海戦の意義を再考させる出来事であったが、ニコライ二世は一度決定したことを覆そうとはしなかった。こうして艦隊は四月初頭にはマラッカ海峡に入った。その後同月末に、ロジェストヴェンスキーはフランス領インドシナ（ヴェトナム）のカムラン湾北方ワン・フォン港に艦隊を停泊させ、ツァーリが急ぎ編成して太平洋に送った第三太平洋艦隊を待った。合流した第三艦隊は、一八八八年進水の戦艦「ニコライ一世」と沿岸防衛用の戦艦三隻などからなっていた。増派された艦船は、アルゼンチンとチリから購入する予定だった巡洋艦が手に入らなかったので、それを補うためのものであったと思われる。

ところで、ロシアの艦隊が設備の整ったカムラン湾で停泊を継続できなかったのは、日本がフランスに対して猛烈な抗議をしたからであった。交戦国の便宜のために、中立国の港湾を利用させるのは許されないと主張したのである。イギリスとの関係改善を進めていたフランスは、この日本の抗議を無視できなかった。

五月一四日、航海を再開したバルト艦隊（第二と第三の太平洋艦隊）には、三つの選択肢があった。目的地はウラジヴォストークに限られていたが、航路は対馬《つしま》海峡（朝鮮海峡）、宗《そう》谷《や》海峡、津軽海峡のいずれも選択可能であった。これに対して大本営も連合艦隊も、バルト艦隊の航路は対馬海峡か津軽海峡かのどちらかだと判断していた。しかし、第三太平洋艦隊の司令官としてロジェストヴェンスキーの指揮下に入ったネボガトフ少将は、後に、自分は霧の深い宗谷海峡を通ることを考えていたと回想している。

結局、ロジェストヴェンスキーは、前年八月の黄海海戦で東郷が旅順艦隊を取り逃がした前例を重視して、対馬海峡を強行突破することに決めた。彼は、衝突は不可避だと考えていたが、それでもバルト艦隊の大部分はウラジヴォストークに到達できると考えたのである。艦隊は輸送船も含めて三八隻もの艦船によって構成されていたので、日本側にまったく気づかれずに進むことは考えられなかったが、それにしても冒険的な選択であった。

他方、連合艦隊と大本営は対馬海峡を通るだろうと予想しつつ、不安を抱き続けた。ようやく五月二六日になって、連合艦隊はバルト艦隊が上海港外の呉淞《ウースン》にあることを知り、決戦に備えた。翌日早朝、仮装巡洋艦「信濃丸《しなのまる》」が長崎の五島《ごとう》列島の西方沖でバルト艦隊を発見した。すぐに鎮海湾にあった東郷にこの情報がもたらされた。こうして二七日午後、連合艦隊とバルト艦隊は対馬東水路において最後の海戦に突入した。

このとき東郷は、黄海海戦の失敗を繰り返すまいと考えていたようである。日本艦隊の目標は、バルト艦隊の主力艦を全滅させることであり、このためには、日本の艦船を危険にさらすことも止むを得ないと判断していたと見られる。連合艦隊は、先頭を行く「三笠《みかさ》」を中心に、まずバルト艦隊の前を横切るように南西に進み、ついで距離八〇〇〇メートルの時点で突然大きく方向を東北東の方向に逆転させた。これによって連合艦隊は、ほぼ二列になって進行するバルト艦隊の一歩先を進みつつ、並航する形をとったのである。

日本艦隊の旋回を見て、バルト艦隊の旗艦「スヴォーロフ」は好機到来と砲撃を開始した。これにかまわず回頭した「三笠」以下の艦船は、距離約六〇〇〇メートルになってようやく砲撃をバルト艦隊の先頭を行く「スヴォーロフ」と続く「オスリャビヤ」に集中した。並航する艦隊同士の砲撃戦になれば、訓練を重ねてきた日本側に分があった。まもなく「スヴォーロフ」は出火し、後方の煙突、続いて司令塔が破壊された。このときロジェストヴェンスキーも重傷を負った。「オスリャビヤ」もすぐに船腹に穴を開けられ、左に傾いた。

旗艦を破壊されたバルト艦隊は、前方を遮る連合艦隊のためにウラジヴォストーク方面に逃れることができず、東と南に散開した。しかし「スヴォーロフ」の離脱後、ロシア艦隊の先頭に出た「アレクサンドル三世」も、さらに「ボロジノ」も集中砲火を浴びて沈没した。つまり、ロシアの先頭を行く四艦のうち、「オリョール」を除く三艦と第二戦隊の「オスリャビヤ」が、戦闘開始後数時間のうちには沈没もしくは戦闘不能に陥ったのである。

さらに陽が没して夜になると、日本の水雷艇がバルト艦隊に襲いかかった。この攻撃で、「ナヴァリン」が沈没し、「シーソイ・ベリーキー」なども戦闘能力を失った。

こうして翌日の海戦に残ったのは、「オリョール」を除けば、「スヴェトラーナ」「アドミラル・ウシャコフ」「ニコライ一世」「セニャービン」などの二線級の艦船であった。二八日のうちに、これらの艦船のほとんどは、再び始まった砲撃戦で撃沈されるか、あるいは破壊されて降伏した。結局、連合艦隊の攻撃を逃れてウラジヴォストークに到達したのは、巡洋艦「イズムルード」と駆逐艦二隻だけであった。

日本側では、「三笠」がかなり被弾していたが、戦闘遂行には問題がなく、沈没したのは水雷艇三隻だけであった。死傷者は日本側では七〇〇人弱、ロシア側では五八〇〇人余りであった。ロシアでは「ツシマ」はその海軍の悲劇を示す言葉となった。

戦争と講和の間

日本海海戦の結果は、世界中に強い印象を与えた。制海権を取ることのできなくなったロシアには、戦争で日本を降伏させる可能性はなくなったのである。ここで小村外相は、もはやロシア側の申し出を待つ必要はないと判断し、五月三一日に駐米公使高平小五郎《たかひらこごろう》に訓令を発して、ルーズヴェルト大統領に対して日露交渉の斡旋を依頼するよう命じた。

ルーズヴェルトはすぐに駐米ロシア大使カシニーに対して、日露両国で講和会議を開くよう勧告した。また六月五日には、アメリカの駐ロシア大使マイヤーを通じて、講和交渉の件で直接ロシア側にアメリカ政府の意向を伝えるよう命じた。ここまで来ると、ニコライ二世も講和を受け容れざるを得なかった。翌六日、彼は重臣たちを集めて御前会議を開いた。

会議ではまず、リネヴィッチ総司令官から歩兵一三万五〇〇〇人などを派遣するよう要求が出されており、このために五月二九日から派兵が始まっており、完了するのは六月二四日になる旨が説明された。ロシア側はなお即座に派遣できる兵力を擁していたのである。

しかしその後、ウラジーミル・アレクサンドロヴィッチ大公が早期講和交渉を強く主張して、議論の方向を定めた。彼の論拠は、このまま行けば、ウラジヴォストークやアムール河口、そしてカムチャツカも日本軍によって攻撃されるだろうというものであった。彼はまた、国内の情勢も不穏であり、こちらの方に対処することが優先されねばならないと付け加えた。

1905年７月，奉天での陸軍首脳の記念撮影．左から，第一軍司令官黒木為楨，第四軍司令官野津道貫，参謀総長山県有朋，満洲軍総司令官大山巌，第二軍司令官奥保鞏，第三軍司令官乃木希典，満洲軍総参謀長児玉源太郎，鴨緑江軍司令官川村景明．

それでも、出席者の中には日本に講和を乞うことに抵抗があった。このため大公の意見は「もしも講和条件がわれわれに真に受け容れがたいものであれば、そのときはもちろん戦争を継続しなければならない」とまとめられた。ともかくこれによって、ロシア側は一歩、講和に進んだのである。翌七日に、アメリカ大統領の申し出を受諾する旨が、ニコライ二世からマイヤー大使に伝えられた。

六月九日、ルーズヴェルトは正式に日露両国政府に対して、戦争を終結させ、講和交渉を行なうよう勧告した。この日、日本の首脳陣は、既に準備が完了していた樺太占領計画を実施することに前向きの姿勢を見せたが、一二日になって、再びこの決定を白紙に戻した。彼らは、せっかく得た戦争終結の機会を、この作戦で失ってはならないと考えたのである。

同日に、ロシア政府は正式にルーズヴェルトの勧告を受け容れる旨を答えた。日本の指導部が樺太作戦の遂行を正式に決定したのは一七日のことであった。しかもその後も陸軍と海軍の連携に手間取り、七月四日になってようやく日本の樺太南部上陸部隊を青森から出航させた。実は日本政府は、高平公使の通知で、既に三日にはロシア側が休戦協定の締結を願っていることを知っていた。しかしロシア側は、この提案をすべて秘密のうちに、ルーズヴェルトから伝えるよう求めていた。日本政府はこうした状況を見て、ロシア側の意向を無視することを決めた。

1905年10月28日の東京湾における凱旋観艦式．右から，東郷平八郎，明治天皇，山本権兵衛，皇太子（大正天皇），伊東祐亨．（東城鉦太郎画）

六日、高平公使は「此際《このさい》一時交戦ヲ停止スルハ明カニ我国ノ為メニ不利ヲ来シ、従テ露国ノ利益ニ帰スルモノナルカ故ニ、目下ノ時機ニ際シ休戦ヲ行フカ如キハ啻《ただ》ニ平和ノ歩武ヲ進ムル所以《ゆえん》ニアラサルノミナラス、却《かえっ》テ反対ノ結果ヲ生スルニ至ルヘキコト、是《これ》帝国政府ノ確信スル所ナル旨ヲ述ヘラルヘシ」とする訓令を受けた。

こうして、一一日にルーズヴェルト大統領から休戦協定の締結が望ましいと指摘されると、高平は、ロシアは清国と同じく、休戦を軍事的に利用する恐れがあるので、これを受け容れることはできないと答えた。

ロシア側は屈辱的な条件であれば、交渉決裂も辞さないと述べるばかりで、休戦協定締結の希望を日本側に伝達しなかった。そうしている間に、日本の樺太占領作戦は進行した。七月九日に新設第一三師団の部隊からなる最初の上陸部隊がコルサコフ（大泊《おおどまり》）を占領し、さらに二四日には樺太北部上陸部隊が揚陸して、二七日までにアレクサンドロフスクとルイコフを占領した。結局、八月一日までに樺太全土が日本軍によって占領された。この軍事行動は、当事国の領土においてなされた唯一のものであった。

以後は、朝鮮半島における小競り合いはあったが、日露両軍の間で戦闘らしい戦闘は起こらなかった。しかし、休戦協定が締結されたのは、講和条約締結直前の九月一日のことであった。このときから四〇年後に、日本はソ連軍によって、利息をつけた形でこの一連の動きに対する報復を受けるのであるが、この時点では知る由もなかった。

終章　近い未来と遠い未来

講和条約の締結

戦争を終結に導く講和会議は、一九〇五年、アメリカのニュー・ハンプシャー州の小都市ポーツマスにおける八月九日の予備会議から始まった。正式交渉は翌一〇日から九月五日まで開催された。日本側の全権代表は一九〇一年から外務大臣を務め、開戦時から日本外交を取り仕切ってきた小村寿太郎であった。他方ロシア側は、一九〇三年八月に蔵相を解任され、その後閑職にあったウィッテであった。彼の任命は、先に指名された二人の外交官がこの大役を断わったことから、ニコライ二世が仕方なく認めたものであった。ツァーリはウィッテを好んでいなかったが、戦争に至る事情を知り、同時にロシアを代表できるほどの人物は彼を措《お》いて見いだせなかったのである。

日本側がこの会議で求めたものは明瞭であった。一九〇五年四月二一日にまず決定され、その後六月三〇日に改めて閣議決定された訓令は、講和条件を三種に分けていた。まず絶対的必要条件として示されたのは、韓国を日本の「全然自由処分ニ委《まか》スルコトヲ露国ニ約諾セシムルコト」、ロシアと日本の軍隊を満洲から撤退させること、遼東半島においてロシアが有する租借権と、哈爾賓から旅順までの鉄道に関する権利を日本に譲渡させることという三点であった。

これに続いて、比較的必要条件として、賠償金の獲得、中立国に逃げたロシアの艦船の引き渡し、樺太（サハリン）の割譲、沿海州沿岸での漁業権の獲得という四点を挙げた。また付加条件として、極東におけるロシアの海軍力を制限すること、ウラジヴォストーク港の武装解除を行なうことが示されていた。

ここから見れば、日本の指導部は、講和条約で何よりもロシアに対する安全の確保を目指していたといえよう。絶対的必要条件を確保すれば、ロシアが日本を攻撃する可能性を当分の間は封じ込めることができた。これに対して、講和会議の中で最も紛糾した賠償金と樺太の問題は、第二水準の要求とされていた。明らかに、これらの要求は戦争の実態を知らない人々が求めていたもので、政治指導部は彼らの声を意識せざるを得なかったものの、心の内では獲得が容易でないことをよく認識していたのである。

ポーツマスにおけるウィッテ

これに対して、ロシア側でも訓令が作成されていた。それはウィッテの任命以前にまとめられたもので、ロシアは何が何でも講和を目指すべきではないとしていた。領土の割譲、賠償金の支払い、東清鉄道の一部割譲、太平洋に艦隊を置く権利の剝奪《はくだつ》という四つの条件を受け容れることは、国家の威厳に関わるので許されない、というのである。ロシア指導部は、日本は軍事資源も財政も既に枯渇しており、ロシア以外の国も、日本という国家のこれ以上の強化を望んでいないと判断して、こうした強気の訓令をまとめたのである。

しかし大蔵大臣を務めたウィッテは、ロシア側の財政事情をよく知っており、また開戦に至る過程で、ニコライ二世とその取り巻きが進める冒険的な外交政策に批判的であったので、日本との講和交渉をまとめるのに心理的抵抗を持たなかった。つまり、ウィッテを代表に選んだ時点で、ロシア側（ニコライ二世）は、暗黙のうちに一定の譲歩をなすことを覚悟していたといえよう。ウィッテが出発前にニコライ二世に謁見したとき指示されたのは、

「一コペイカも、一寸の土地も譲ってはならない」というものであった。つまり、無賠償、無割譲で講和をまとめろということである。この内容はたしかに厳しかったが、ウィッテ以前の講和代表のために作成された訓令に比べれば、まだ軟化していたのである。

こうして、交渉は当初こそ先行きが危ぶまれたけれども、講和をここで達成したいと考える日本国指導部とウィッテの姿勢を受けて、かなり円滑に進んだ。まず小村とウィッテは、韓国についての規定で合意をみた。それは、日本の韓国に対する指導と保護の権利を認めるものであった。小村は、日本の指導部の意思どおり韓国を保護国化する規定を盛り込むことで、将来ロシアと列強が同国に関与する可能性を明白に排除したのである。

次に、両国が同時に満洲から撤兵し、さらにこの地を清国に還付することで合意した。さらに、遼東半島の租借地と東清鉄道の支線の譲渡の問題も比較的簡単に解決した。後者の問題では、ウィッテは、哈爾賓から旅順まではなく、日本軍が実効支配する長春から旅順までの鉄道を譲渡することに同意したのである。こうして、日本の絶対的必要条件は、一〇日足らずの交渉でほぼすべて充足されたのである。

しかし、樺太の割譲の問題と賠償金の問題では、議論の対立は厳しいものになった。ウィッテの言い分は、ロシア国民の感情からすると樺太はロシア帝国の一部であり、その譲渡はあり得ず、また首府を占領されないで終わった戦争で、軍事費の賠償はあり得ないというものであった。これ以外にも、中立国に抑留中のロシア軍艦の引き渡し問題とロシアの極東海軍の制限の問題が未解決の問題として残ったが、これは小村が交渉手段として主張していたもので、さしたる意味はなかった。実際、小村は一八日に、これら二条件を放棄する代わりに樺太割譲と賠償金を認めるように迫ったが、この展開を予想していたウィッテには何の印象も与えなかった。

八月二二日に、ウィッテはラムズドルフ外相から、日本の要求に屈せず、交渉を打ち切るようツァーリが命じているとする電報を受け取った。同日、ルーズヴェルト大統領は、交渉決裂の雲行きを見て、日本側に対して賠償金の要求を断念するよう求めた。こうした圧力を受けて、小村は二三日の会議で、樺太を二分し、北半分を還付して、その代償としてロシア側が一二億円を払う案を提示した。しかしこれでもロシア側は同意しなかった。こうして交渉は決裂の危機に陥ったのであるが、双方はあきらめなかった。この結果、最終的に二九日に、ロシアは樺太の北緯五〇度以南の地を割譲する、日本は賠償金を要求しないという条件で、妥協案はまとまった。

日本の指導部は、これより先に賠償金や領土の割譲を放棄しても講和を達成すべきであるとする判断に達していたので、小村が粘り強い交渉で樺太の南半分の割譲を得たことに大いに喜んだ。逆にニコライ二世は、妥協案成立後二、三日、この案に満足しなかったが、その後周囲の反応を見て了承した。九月五日に講和条約は正式に調印された。これによって二〇ヵ月に及ぶ死闘はすべて終了したのである。

戦争の帰結

以上に見てきたように、日露戦争はその規模においても、また用兵のレベルでも、利用された兵器のレベルからしても、さらには長期戦を支える前線と銃後の密接な関係からしても、この時期に頻繁に起こった植民地戦争とはまったく異なるものであった。ひとことでいえば、戦争は普仏戦争以来三〇年以上も存在しなかった大国と大国の戦争であったのである。ここには、塹壕戦と機関銃の組み合わせ、情報と宣伝の利用能力、制海権の確保に関わる陸軍と海軍の連携など、ヨーロッパ諸国が第一次大戦で学ぶ戦争技術のほとんどが、明瞭に、もしくは萌芽の形で現れていた。ロシアは、日本を基本的に植民地レベルの国家とみなしていたために、厳しい試練を味わったのである。

戦争の規模をもう一度確認するために、一番わかりやすい指標である戦闘参加人数と死傷者数をまとめると次のようになる。まず、日本側の戦闘に参与した軍人と軍属の総数は、『日露戦争統計集』によれば、戦地と後方勤務の双方をあわせて一〇八万人を超えていた。

他方ロシア側は、第二章に記したとおり、シベリア鉄道で戦場に輸送された者だけで一二九万人を超える規模に達していた。また戦死者と戦傷者の数は、統計のとり方によって異なるが、一般的に日本側では戦死者約八万四〇〇〇人、戦傷者約一四万三〇〇〇人とされている。ロシア側の統計は明瞭ではなく、戦死者約五万人以上を含む二七万人の喪失という数字から、戦死者約四万八〇〇〇人を含む一九万人余りの喪失という数字まで挙げられている。

こうした大規模な戦争の例にもれず、日露戦争も戦時中に双方の社会を大きく変化させた。それこそが両国にとっての戦争の帰結にほかならなかった。ここでは、戦後の両国の歴史に大きな影響を与えた、軍部と大衆の地位の変化という二点に絞ってまとめておこう。

まず日本における社会の変化を示したのは、日比谷焼き打ち事件であった。この事件は、政治家、新聞記者、社会運動家などが、伝えられる講和条件は屈辱的だと断じて、講和反対集会の組織を図ったことから生じたものである。九月五日に、警察は会場に予定されていた日比谷公園の門を閉じ、柵《さく》を設けて集会を禁止したが、公園入り口に集まった数万人の群衆は納得せず、警備の警察官に襲いかかり、公園内になだれ込んだ。同じ頃、市内の別の場所で計画されていた演説会も中止されたことから、興奮した群衆が内相官邸や講和を支持した国民新聞社などを襲撃する事態となった。

政府は軍隊を出動させて鎮圧を図ったが、夜になると東京市内の多数の派出所や市街電車、教会などが焼き打ちされ、政府はとうとう市内と周辺の郡に戒厳令を布いた。こうして、七日になってようやく秩序を回復したのである。

この事件は、戦後日本社会が向かう大衆の時代をはっきりと示した。藩閥政治を批判する勢力は、このような社会の変化を利用して政治の枠組みを変えようとした。一九〇六年初頭の桂内閣から政友会の西園寺公望内閣への政権移譲は、明らかにこうした変化に応えるものであった。この内閣には政友会からは原敬《はらたかし》と松田正久《まつだまさひさ》しか加わっていなかったが、政党主導の政治がようやくその姿を現したのである。

しかし、ここからすぐに普通選挙法の施行（一九二五年公布。第一回目の総選挙は一九二八年）といった政治の民主化への展望は開かれなかった。「愚昧《ぐまい》な民」に政治を委ねてはならないとする意見は、社会の上層の中にまだ非常に強かったし、何よりも、戦争に勝利して地位を高めた軍部は、山県を筆頭に民主化の動きに強く抵抗したのである。山県は「社会主義ハ貧富ノ懸隔ニ胚胎《はいたい》シ、普通選挙ハ政権ヲ下層ニ分配スルモノナレハ、普通選挙ノ実現ハ社会主義ノ実行ニ至便ニシテ、両者ノ間相変ル僅ニ一歩ト謂《い》フヘシ」とする見解を一九一〇年に示していた。つまり、普通選挙と社会主義は一体であり、日本にとって危険なものだというのである。

こうして、陸海軍を増強してさらに影響力を高めようとする軍部と、大衆の社会的圧力を背景にしてより欧米的な政治体制の確立を目指す政治家および言論人の対立が生じた。この対立構造は、一九二〇年代まで日本の政治を規定することになった。

他方ロシアにおいては、戦争末期から、革命を目指す勢力と議会創設を目指す勢力が大衆を取り込むための競争を繰り広げた。講和の定まった九月には、各地の大学で学生が集会を開き、多数の労働者や市民を集めて政治討議を行なうようになった。翌月にモスクワの印刷工が始めたストライキは、すぐに繊維工場などに広がり、続いて鉄道労働者まで巻き込んでいった。一〇月の半ばには、モスクワから外に向かうすべての鉄道が止まった。ストライキは、ハリコフやペテルブルグ、ワルシャワなどに広がっていった。

鉄道の停止で大都市の生鮮食料品などが高騰し、社会は騒然たる状況になった。この革命的状況の中で、一〇月二一日、二二日と二日続けてニコライ二世はウィッテを招いて、意見を徴した。ウィッテは、現下の社会運動は自由を求めており、ツァーリはこれに応えるために国会を開設すべきだと進言した。ツァーリは、さらに高官たちの意見を求めたが、ほかに方法は見いだされず、ついに三〇日に詔書を発布して、人身の不可侵、言論の自由などを認め、多数の国民が参加する選挙に基づいた国会を開設すると告げた。

この詔書を受けて、一二月には身分別の選挙法が採択され、翌一九〇六年には議会選挙が実施された。土地所有者の一票に労働者の四五票と同じ重みを与える不平等選挙であったが、ともかくも大衆を政治的に取り込むための議会政治がここに始まったのである。

この一方でロシアでは、戦争で負けたために、軍部が社会の保守的基盤となり得ない状態が続いた。国民は上も下も、なぜ大国のロシアがアジアの島国に負けたのか理解できず、公然と政治と軍の上層部の責任を問うようになったのである。最も多くの責任を負うべきは、ツァーリであったが、この点では責任の問いようがなかった。厳しい指弾の声は、軍上層部を裁判にかけるところまで進んだ。こうして裁かれた著名な例が、旅順要塞で降伏を決めたステッセルである。彼は軍事裁判で死刑の宣告を受け、減刑されて禁錮《きんこ》一〇年の刑を科せられた（社会の関心が薄れた一九〇九年になって、ニコライ二世が恩赦を与えた）。さらに、軍上層部の資格を検討する委員会が設置され、そこでの審査の結果、一九〇六年から一九〇八年までに四三〇七人の将官が老齢や職務との不適合を理由に予備役にまわされた。

特筆すべきことは、日露戦争の歴史を検討する委員会が設置され、そこで膨大な資料が集められ、一九一〇年に、非常に詳細で、軍部に厳しい戦史が編纂されたことである。これは、奇妙なほど分析姿勢を欠いた日本の公式の戦史と著しい対照をなしていた。

ともあれ、一連の動きで傷つけられた軍上層部の権威は、日露戦争後一〇年経っても回復されないままであった。第一次大戦勃発後最初の一年だけで、五〇〇万人のロシア人が戦線から逃亡したのである。さらに、戦争が長引くと、革命を目指す勢力が大衆を取り込み、影響力を増していった。逆に、ツァーリがしぶしぶ認めた議会政治は、大衆の中に根づくことがなかった。最終的に一九一七年に大規模な革命が勃発し、共産主義者レーニンが権力を掌握した結果、議会政治はゴルバチョフによって人民代議員大会が創設されるまでのおよそ七〇年間、施行されることがなかった。こうして、日露戦争の結果は、日本とロシアをまったく異なる歴史的経路に導く要因となったのである。

日露戦争とは

最後に、戦争が国際社会にもたらした影響について述べておこう。日露戦争は、明治新体制を発足させてから四〇年も経たないアジアの国家が、ヨーロッパの大国ロシアを破った大きな事件であった。ヨーロッパ諸国に学んだ改革を巧みに実行すれば、非ヨーロッパの国でもヨーロッパ諸国に戦争を挑み、勝つことができるという事実を明確に示した。これこそが日露戦争の生み出した思想（イデオロギー）であったといえるであろう。

また戦争は、日本を東アジアにおける強国として押しも押されもせぬ存在にした。戦後、日本は韓国を併合（一九一〇年）し、さらに中国に対して、満洲において自国が持つ「権益」に特別の配慮を求めるようになった。こうした動きに両国民は激しく反発したが、実力によって阻止することはできなかった。日本の動きは欧米諸国からも批判を招いたが、彼らとしても対抗することは困難であった。もちろん、日本の経済規模はアメリカやヨーロッパする諸国に比べればはるかに小さかったが、日露戦争が示したとおり、それらの国が日本に対抗するだけの軍事力を東アジアに集中することは不可能であったからである。

この事実を最初に認めたのはイギリスであった。一九〇五年八月に改定された日英同盟では、一方が挑発することなく他国から攻撃を受けたときには、他方は「直《ただち》ニ来リテ其ノ同盟国ニ援助ヲ与ヘ」ることになった。イギリスは、ロシアとの戦争が日本の勝利に終わることが確実になったことを受けて、より明瞭な同盟関係の締結を受け容れたのである。

日本の指導部は、国際政治は弱肉強食の世界であると捉え、イギリスとの同盟関係の強化を望ましいと考えたのである。たとえば山県は、日本はロシアに勝ったといっても、その勝利は限定されており、ロシアの「復讐《ふくしゆう》的南下」が必ず生ずるので、「今回の平和は稍《やや》長期なる休戦」に過ぎないと考えた。彼はこのような観点から、一九〇七年に帝国国防方針を制定し、ロシアに対抗するために二五個師団が必要だと規定した。他方、日本海軍は、同じ国防方針の中でアメリカを仮想敵国とし、日本海軍は戦艦八隻、装甲巡洋艦八隻の、いわゆる八《はち》八《はち》艦隊が必要だと規定した。

このような日本の姿勢は、列強、特に国土の半分以上がアジアにあるロシアの対外政策を規制することになった。海軍の大部分を失い、満洲南部に拠点を失ったロシアは日本との関係に注意を払わざるを得なくなった。日露戦後から第一次大戦まで、日露関係史上例外的な友好関係が生じたのは、この結果であった。一九〇七年には第一回日露協約が締結された。この協約に付された秘密条約では、満洲の勢力範囲を定め、韓国における日本の特殊権益と外モンゴルにおけるロシアの特殊権益を相互に承認することを定めた。

同様の協定が、一九一〇年、一九一二年、一九一六年にも締結された。最後の条約は同盟関係を定めたものであった。山県はロシアの復讐が起こると確信していたが、ロシアの指導部は、当分の間は日本との友好関係を抜きにして、ヨーロッパ方面における安全は確保されないという事実を明瞭に理解していたのである。

ロシアがこの時期にとった政策は対日宥和だけではなかった。一九〇七年までにロシアの指導部はドイツ、フランスと結ぶ大陸諸国の協調路線をあきらめ、イギリスとの和解と協調の路線に転じた。アジアで日本とイギリスが強固な同盟関係を結ぶ状況では、英仏協商に加わる方が明らかに安全保障の確保のためには理に適《かな》っていた。急激に国力を増大し、今や世界中でイギリスの支配に対抗することを目指していたドイツは、ロシアをジュニア・パートナーにする動きを示しており、自尊心の高いロシア指導部にとって友好関係を維持することが困難な存在になっていた。こうして、同年八月に英露協商が結ばれると、ドイツとオーストリア＝ハンガリーが結ぶ同盟関係と対立することになり、第一次大戦で戦うことになる二大陣営が成立したのである。日露戦争はこうして、列強を第一次大戦の構造に導く触媒の役割を果たしたのである。

付け加えれば、日本人の多くは、第一次大戦まで日露友好の関係が続いた事実を考え、また一九一七年にロシア革命が起こって、旅順陥落のときに「恥ずべき敗北に陥ったのは、ロシアの人民ではなく、専制である」と断言したレーニンが共産党政権を樹立した事実を重視して、もはや日露戦争が日露関係に持つ意味はほとんどなくなったと考えた。

しかし、日露戦争の敗北の記憶は、ロシア人の多くに残り続けた。一九一八年から一九二二年までの日本のシベリア出兵や、一九三〇年代の両国の厳しい軍事的対決状況によって、日本とロシアが戦って、ロシアが敗れたという事実はロシア国民の中で想起され続けたのである。一九四五年八月にロシア（ソ連）は、第二次大戦での敗北が迫る日本に宣戦を布告し、満洲を守る関東軍を圧倒した。九月二日（日本、降伏文書に調印）にレーニンの後継者のスターリンは、この戦争が日露戦争の汚点を雪《そそ》ぐための戦いであったと意義づけた。「四〇年間、われわれ古い世代の者はこの日を待った」のだとスターリンは述べた。まさしく山県有朋が日露戦争後に予言した事実が、ここに現実となったのである。

その後、日本とロシアの関係は、この「第二次日露戦争」の影響から抜け出せないままに今日まで来た。両国の間に残り続けている国境画定問題は、日露戦争にも深く結びついているのである。

おわりに

日露戦争と聞くと、すぐに司馬遼太郎の『坂の上の雲』を想いだす。読んだのは一九七〇年代の学生時代のことである。たんなる小説に過ぎないと思いつつ、そこに書かれている日本の「歴史」に惹かれて一気に読んだ。しかし、まさか三〇年以上もたってから、自分が日露戦争の歴史を書くとは考えもしなかった。

研究書とはいえない『坂の上の雲』は別にしても、日露戦争の研究は非常にたくさんある。とてもそれをすべて消化したとはいえない。しかし、中公新書編集部から執筆をすすめられたとき、非力を顧みず引き受けたのは、それより前に読んでいた一人のロシアの軍事思想家の著作が頭の中にあったからである。その人の名前はアレクサンドル・スヴェーチンという。強い印象を受けた著作は、一九三七年に彼が著した日露戦争論である。おわりに、少し彼のことを記しておきたい。

スヴェーチンは参謀本部付属ニコラエフスク・アカデミーに学び、一九〇三年に卒業した。

参謀本部に勤めて間もなく日露戦争が勃発し、志願して参戦した。戦後再び参謀本部に戻ると、この経験を基にして日露戦争論を次々に発表して注目されるようになった。特に著名なのは、一九一〇年に彼が発表した『日露戦争、一九〇四年から一九〇五年』と題する著作である。

一九一七年にロシア革命が起こると、スヴェーチンはロシアに成立したソ連共産党の支配を受け容れ、ソ連の参謀本部で戦史を研究するようになった。こうした帝政時代に専門家となった人物は、ソ連共産党の支配下では思想的にいかがわしい「ブルジョア専門家」として警戒されたが、彼らの専門知識は国家運営のために不可欠だったのである。

しかし、急速な工業化によって社会の緊張が高まった一九三一年二月に、スヴェーチンは反革命活動に従事したとして逮捕された。判決は禁錮五年であったが、三二年二月に彼は突然釈放された。間違いなく、一九三一年九月に日本が満洲に軍を送ったことから、ソ連指導部はスヴェーチンの日露戦争についての知識が必要だと思い直したのである。釈放された後、彼はこうした期待に応えるように、次々に日本軍を分析する論文を内部資料の形で発表した。「過去と現在の日本軍」、「新しい日本における軍事学の展開」といった研究である。こうした重要人物であったにもかかわらず、日本では誰も彼の存在に気づかなかったようである。

スヴェーチンが一九三七年に書いた日露戦争論「最初の段階にある二〇世紀の戦略」は、

こうした彼の研究の集大成をなすものであった。そこで彼は、日本軍は、ヨーロッパ大陸で発展してきた軍事理論を創造的に発展させ、陸軍と海軍を巧みに結合して新しい時代の軍事戦略を展開したと高く評価した。彼に言わせれば、旅順の攻防に、この戦争の戦略的意味のほとんどすべてが凝縮されていたのである。

当時のロシア側の研究者は、日本語の日露戦争の資料は僅かしか利用できなかったので、スヴェーチンのこうした議論については、その説得力に疑問を提起することが可能である(本書でも、いくつかの点で彼の議論と異なる解釈を展開した)。しかし、日露戦争においてロシアが負けたという事実を絶えず念頭に置き、そこから日本の戦争の仕方を深く理解しようとする知的営為がロシア(ソ連)において持続していたという事実は、もはや誰にも否定できないであろう。スヴェーチン自身はこの作品を書いた後に再度逮捕され、一九三八年に処刑された。しかし彼の日本軍に対する評価は、一九四五年の「第二次日露戦争」の際にソ連軍の対日戦準備に影響を与えた可能性が高い。この研究は長く封印されており、一九九〇年代初頭になって、ようやく読むことが可能になったのである。

この小著は、スヴェーチンのこうした研究に触発されて書かれたものである。彼の著作は、日露戦争を古い時代の戦争の歴史とみなし、第一次大戦をもって新しい時代が始まったとする、もっともらしい議論に軍事理論の見地から疑問を投げかけている。彼からすれば、ロシア革命による変化は、この点では、さして意味があるものではなかったのである。小著では、そこまでの議論は展開できずに終わっている。しかし、とらわれない目で歴史的出来事を見直し、問題（分野）ごとに現代とのつながりを考えねばならないというスヴェーチンの姿勢に多くのことを学んだことは事実である。もちろん、こうした意図がどこまで実現されているかについては、読者の評価に委ねる以外にない。大方の叱正を待ちたい。

最後になったが、本書の執筆にあたって中公新書編集部の松室徹氏に多大なお世話になったことを記しておきたい。その助力がなければ、本書は成立しなかったであろう。

横手慎二

二〇〇五年二月末日

主要参考文献

日本語（著者名アイウエオ順）

井口省吾文書研究会編『日露戦争と井口省吾』（原書房、一九九四）
石井常造『日露戦役余談』（不動書店、一九〇八）
伊藤之雄『立憲国家と日露戦争　外交と内政　一八九八―一九〇五』（木鐸社、二〇〇〇）
ウイッテ伯回想記（大竹博吉監訳）『日露戦争と露西亜革命』復刻版、上、中、下巻（原書房、一九七二）
D・ウォーナー、P・ウォーナー（妹尾作太男・三谷庸雄訳）『日露戦争全史』（時事通信社、一九七八）
ウッドハウス暎子『日露戦争を演出した男モリソン』上下巻（東洋経済新報社、一九八八）
宇野俊一校注『桂太郎自伝』（平凡社、一九九三）
J・エリス（越智道雄訳）『機関銃の社会史』（平凡社、一九九三）
大江志乃夫『日露戦争の軍事史的研究』（岩波書店、一九七六）
大江志乃夫『明治卅七八年戦役陸軍政史解説』（湘南堂書店、一九八三）

大江志乃夫『兵士たちの日露戦争　五〇〇通の軍事郵便から』（朝日新聞社、一九八八）
大山梓編『山縣有朋意見書』（原書房、一九六六）
海軍歴史保存会『日本海軍史』第一巻（第一法規出版、一九九五）
外務省蔵版『小村外交史』上下巻（新聞月鑑社、一九五三）
外務省編『日本外交文書』第三三巻〜第三七巻
外務省編『日本外交年表竝主要文書　一八四〇—一九四五』上下巻（原書房、一九六五、一九六六）
D・キーン（角地幸男訳）『明治天皇』下巻（新潮社、二〇〇一）
A・クロパトキン（参謀本部訳）『クロパトキン回想録』（東京偕行社、一九一〇）
桑田悦編『近代日本戦争史第一編、日清・日露戦争』（同台経済懇話会、一九九五）
軍事史学会編『日露戦争（一）』（錦正社、二〇〇四）
小林一美『義和団戦争と明治国家』（汲古書院、一九八六）
小林道彦『日本の大陸政策　一八九五—一九一四　桂太郎と後藤新平』（南窓社、一九九六）
小森陽一・成田龍一編『日露戦争スタディーズ』（紀伊国屋書店、二〇〇四）
参謀本部編『明治卅七八年日露戦史』全一〇巻（東京偕行社、一九一二〜一九一五）
参謀本部編『明治三十七・八年秘密日露戦史』復刻版（巌南堂、一九七七）
参謀本部第四部編『明治三十七八年役　露軍之行動』全一二巻（東京偕行社、一九〇八〜一九一〇）
信夫清三郎・中山治一編『日露戦争史の研究』復刻版（河出書房新社、一九七二）
田辺元二郎・荒川銜次郎『帝国陸軍史』（帝国軍友会、一九一〇）

谷寿夫『機密日露戦史』（原書房、一九六六）
角田順『満州問題と国防方針　明治後期における国防環境の変動』（原書房、一九六七）
徳富蘇峰編述『公爵山縣有朋伝』下巻（原書房、一九六九）
沼田多稼蔵『日露陸戦新史』岩波新書（岩波書店、一九八二）
橋川文三『黄禍物語』岩波現代文庫（岩波書店、二〇〇〇）
I・バード（時岡敬子訳）『朝鮮紀行　英国婦人の見た李朝末期』講談社学術文庫（講談社、一九九八）
古屋哲夫『日露戦争』中公新書（中央公論社、一九六六）
松尾尊兊『大正デモクラシー』岩波現代文庫（岩波書店、二〇〇一）
松山大学編『マツヤマの記憶　日露戦争一〇〇年とロシア兵捕虜』（成文社、二〇〇四）
明治期外交資料研究会編『日露講和関係調書』第一巻（クレス出版、一九九五）
陸軍省編『明治軍事史』下巻（原書房、一九六六）
陸軍省編『日露戦争統計集』復刻版、巻一、巻一五（原書房、一九九四、一九九五）
I・I・ロストーノフ編（及川朝雄訳、大江志乃夫監修）『ソ連から見た日露戦争』（原書房、一九八〇）
B・A・ロマノフ（山下義雄訳）『満洲に於ける露国の利権外交史』復刻版（原書房、一九七三）

外国語（著者名，ないものは書名ＡＢＣ順）

O. R. Airapetov red., *Russko-Iaponskaia voina, 1904-1905*, (Moskva : Tri kvadrata, 2004).

J. F. A. Ajayi and Michael Crowder ed., *History of West Africa*, (London : Longman, 1971-1974).

B. V. Ananich, et al. red., *Iz arkhiva S. Iu. Vitte*, (St. Peterburg : Dmitrii Bulanin, 2003).

M. F. Boemeke, R. Chickering, and S. Forster eds., *Anticipating Total War*, (Washington D. C. : German Historical Institute, 1999).

J. S. Corbett, *Maritime Operations in the Russo-Japanese War 1904-1905*, vol.1-2, (Newport : Naval War College Press, 1994).

V. I. Denisov i S. S. Suslina, *Rossiia i Koreia, nekotorye stranitsy istorii* (konets 19 veka), (Moskva : MGIMO(U)MID, 2004).

Dokumenty po peregovory s Iaponiei 1903-1905 gg., *khraneschiesia v kantseriarii osobogo komiteta Dalnego vostoka*, (St. Peterburg, 1905).

J. E. Elliot, *Some did it for Civilization, some did it for their Country*, (Hong Kong : The Chinese UP, 2002).

M. M. Evans, *Encyclopedia of the Boer War*, (Santa Barbara : ABC-CLIO, 2000).

V. V. Glushkov i A. A. Sharavin, *Na karte general'nogo shtaba, Manchzhuriia*, (Moskva : Institut politicheskogo i voennogo analiza, 2000).

A. V. Ignat'ev, *S. Iu. Vitte-diplomat*, (Moskva : Mezhdunarodnye otnosheniia, 1989).

N. A. Korf i A. I. Zvegintsov, *Voennyi obzor cevernoi Korei*, (St. Peterburg : Voennaia tipografiia, 1904).

R. Langhorne, *The Collapse of the Concert of Europe*, (London : Macmillan, 1981).

M. I. Lil'e, *Dnevnik osady Port-artura*, (Moskva : ZAO Tsenrpoligraf, 2002).

A. Malozemoff, *Russian Far Eastern Policy 1881-1904*, (New York : Octagon Books, 1977).

B. Menning, *Bayonets before Bullets*, (Bloomington : Indiana UP, 2000).

K. Neilson, *Britain and the Last Tsar, British Policy and Russia 1894-1917*, (Oxford : Clarendon Press, 1995).

I. Nish, *The Origins of the Russo-Japanese War*, (London & New York : Longman, 1985).

S. C. M. Paine, *Imperial Rivals*, (New York : Sharpe, 1996).

M. Pokrovskii red., *Russko-Iaponskaia voina, iz dnevnikov A. N. Kuropatkina i N. P. Linevicha*, (Leningrad : Tsentrararkhiv, 1925).

Rodina, no.1, 2004. Moskva.

I. S. Rybachenok, *Rossiia : Mezhdunarodnoe polozhenie i voennyi potentsial v seredine 19-nachale 20 veka*, (Moskva : Institut rosiiskoi istorii RAN, 2003).

D. Schimmelpenninck van der Oye, *Toward the Rising Sun*, (DeKalb : Northern Illinois UP, 2001)

V. Shatsillo i L. Shatsillo, *Russko-Iaponskaia voina 1904-1905*, (Moskva : Molodaia gvardiia, 2004).

A. Svechin, *Takticheskie uroki Russko-Iaponskoi voiny*, (St. Peterburg : Tipografiia A. S. Syvorina,

1912).
A. Svechin, (ed. by K. D. Lee), *Strategy*, (Mineapolis : East View Publications, 1992).
A. Svechin, *Predrassudki i boevaia deistvitel'nost'*, (Moskva : Finansovyi kontrol, 2003).
A. Svechin i Iu. D. Romanovskii, *Russsko-Iaponskaia voina 1904-1905*, (Oranienbaum : Izdanie ofitserskoi strel'koboi shkoly, 1910).
A. E. Taras, *Russko-Iaponskaia voina na more 1904-1905*, (Minsk : Kharvest, 2004).
A. M. Verner, *The Crisis of Russian Autocracy, Nikolas II and The Russian Revolution*, (Princeton : Princeton UP, 1990).
Voenno-istoricheskaia komissiia Russko-Iaponskoi voiny, *Russko-Iaponskaia voina 1904-1905 gg.*, 9 vols. (St. Peterburg, 1910-1913).
D. Wolff, *To the Harbin Station, The liberal Alternative in Russian Manchuria, 1898-1914*, (Stanford : Stanford UP, 1999).
B. Zewde, *A History of Modern Ethiopia 1855-1974*, (Addis Ababa : Addis Ababa UP, 1991).
V. A. Zolotarev red., *Rossiia i Iaponiia na zare XX stoletiia*, (Moskva : Arbizo, 1994).

＊このほか福島県立図書館蔵佐藤文庫の日露戦争関係文献を利用した。

横手慎二（よこて・しんじ）

1950年（昭和25年），東京都に生まれる．東京大学教養学部卒業．同大学院博士課程中退．外務省調査員としてモスクワの日本大使館に勤務．慶應義塾大学法学部助教授を経て，教授．2016年，名誉教授．
著書『東アジアのロシア』（編著，慶應義塾大学出版会，2004）
『現代ロシア政治入門』（慶應義塾大学出版会，2005）
『スターリン』（中公新書，2014）
など

日露戦争史《にちろせんそうし》
中公新書 *1792*

2005年4月25日初版
2021年1月30日10版

著　者　横手慎二
発行者　松田陽三

本文印刷　三晃印刷
カバー印刷　大熊整美堂
製　　本　小泉製本

発行所　中央公論新社
〒100-8152
東京都千代田区大手町1-7-1
電話　販売　03-5299-1730
　　　編集　03-5299-1830
URL http://www.chuko.co.jp/

Published by CHUOKORON-SHINSHA, INC.
Printed in Japan　ISBN978-4-12-101792-5　C1221

日本史